念想——我的专业成长故事

谢娜 著

湖南教育出版社

HUNAN EDUCATION PUBLISHING HOUSE

图书在版编目（CIP）数据

念想—我的专业成长故事/谢娜著.—长沙：湖南教育出版社，2018.8（2019.6重印）

ISBN 978-7-5539-6267-2

Ⅰ.①念… Ⅱ.①谢… Ⅲ.①中学教育—文集 Ⅳ.① G63-53

中国版本图书馆CIP数据核字(2018)第164842号

NIANXIANG - WO DE ZHUANYE CHENGZHANG GUSHI

念想 - 我的专业成长故事

谢 娜 著

责任编辑 董静静
责任校对 曾 馨
出版发行 湖南教育出版社（长沙市韶山北路443号）
客 服 0731-85118546
经 销 全国各新华书店
印 刷 长沙金鹰印务有限公司
开 本 787×1092 1/16
印 张 15.5
字 数 280 000
版 次 2018年8月第1版
印 次 2019年6月第2次印刷
书 号 ISBN 978-7-5539-6267-2
定 价 58.00元

序 言

用初心做长远事

春节，喜庆和团聚，祥和与幸福。我在 2018 年春节的幸福，不仅在于过年和休假，还有阅读谢娜老师的书稿《念想》带来的感动。

我原本不认识，也不了解谢娜老师。我只是从名师名校长"十百千万工程"高端研修项目的学员名单上见过这个名字。她是湖南省首批初中青年精英教师高端研修项目的学员。衡阳师院凌云志博士曾将谢娜老师介绍给我，说这是一位优秀的 80 后教师，还说她早就认识我、是我的学员，并转达谢娜老师的请求——请我为她的新作《念想》作序，但她担心我拒绝，所以未敢直接联系我。当我深入了解谢娜老师后，我欣然为本书作序，表达我对一位一线优秀教师的欣赏和仰慕。

拿到这本书后，我首先思考谢娜老师取书名为《念想》的意图。念，常思也。想，想法也。谢娜老师将新作取"念想"之名，大意是：念思教育路，想忆初心坻。书名即已表达作者寄常思、回忆与希冀，蕴涵的是回忆也是反思，是初心也是远方。

念想是一种梦想和追求，诚如"梦想，从念想出发"。翻开这本书，我看到了一个 80 后女孩，一个有"温度"的老师，一个把教育当作一种情愫的追梦人。她用矢志不渝的追求来保存教育的"常温"状态，用暖暖的爱来塑造"温情"的班主任情愫，用无畏的闯劲来传递课改"温馨"的味道，她用无尽的学习将自己提升为一股"温泉"。她当一名教师，不希望自己是简单的教书匠，而是教育教学的思考者与研究者；不希望自己仅仅完成教育教学任务，而是以最好的自己做最美的教育。有了这份初心，有了这种梦想，她热爱、专注、用心、坚守，一直做逆生长的教师，也因此成了一名优秀教师，做成了不一样的教育。

念想是一种精神和境界，是"一事精致便能动人"。这本书是作者参加工作20年来的工作随笔，从国培念想、教育念想、课堂念想、离别念想四个篇章阐述对教育的认识和理解。国培念想，真实地展现了作者的心灵成长轨迹及国培带来的成长蜕变。教育念想，呈现了作者在班主任管理中的大量经典教育故事，有很好的指导和推广价值。课堂念想，既有对教材文本内容的大胆整合，又有对教学过程的大胆突破，还有对课后反思的大胆提升。离别念想，是毕业离别时的心灵寄语，其中的每一封信都是一次心灵的对话，用师生情书写了一个个"童话"故事。谢娜老师坚持对自己的学习、工作和生活进行记录、反思和改进，而且一做就是20年，谈何容易啊，令人感动。成功的关键不在于智商，而在于坚持。坚持做一件事情20年，你便会是专家，谢娜老师就是例证。

念想是一种工作和研究的方法，是对"经验＋反思＝成长"的生动注解。一个优秀教师的成长过程，表面上看是日复一日的坚持，实际上是因为坚持背后的反思和提高，是不同的新尝试、不断的实验、不断的反思。人因思而变。谢娜老师用自己的语言叙述教育教学的故事，从自己的经历提炼成功的经验，让自己的历程呈现成长的足迹，在叙事中反思，在反思中深化对问题或事件的认识，在反思中提升原有的经验，在反思中修正行动计划，在反思中探寻事件或行为背后所隐含的意义、理念和思想。反思是谢娜老师专业成长的常态和密码，谢娜老师为广大一线教师的研究树立了范例，适合的就是最好的，我们不要盲目追求高大上，而要发现自己的"故事"，提炼为经验，反思中提升，行动中进步。

念想，也许还有很多种解读。很多的答案就在这本书中。

归根结底，"念想"是用最初的心做长远的事，做学生生命中的贵人，让教育成为美丽幸福的遇见。愿谢娜老师不忘初心、砥砺前行，以师者的情怀追寻教育之道、享受从教之乐。

教育无止境，念想不停步，成长无极限。

黄佑生

2018年2月16日于七里村

（黄佑生，湖南省中小学教师发展中心培训管理科科长，教育部"国培计划"专家库专家，教育部中小学校长国家级培训专家库专家）

梦想，从念想出发

有爱的教育，是一生的追求。梦想，从念想出发。

——题记

对教育的念想，是儿时放飞风筝的期待，是恰同学少年时的追求，是三尺讲台上的耕耘，是温情教师的追逐。念想，是与教育的美丽邂逅，是与孩子的心灵感应。温馨的回忆，无须撕心裂肺；幽幽的满足，任由藕断丝连。三尺讲台，四季轮回，念想着教育的点点滴滴，任外面的世界繁华似锦，也住不进我的教育情怀。

十七岁时，怀揣着青春的梦想来到了这片熟悉而又陌生的舞台。之所以熟悉，是因为校园是我们成长的摇篮；之所以陌生，是因为人生又实现了一个美丽的转身，开始了自己的追梦生活。

教育情，教师梦，将自己定位于"最受欢迎的老师"的追求中。二十年来的教书生涯，坚定的目标，执着的追求，快乐的思索，头顶也有了一些光环。在各种荣誉面前，最爱的一个奖项依然是每期由学校组织学生投票评选的"最受欢迎老师"的称号，因为这是梦想的根基，也是教师职业最大的魅力所在。

一个老师最大的幸福来源于学生对她有爱，有爱便有了成功的教育。"最受欢迎"这一词依然等同于"最美"，得到学生的肯定远远超出外界的称赞和表彰。因为这些稚嫩的声音和真实的想法，成了我前进的动力和正能量的源泉。

如果把教育孩子比作吃柚子，先去厚皮，再去细皮，除去磕磕碰碰的硬骨头，最后尝到的是爽口的嫩肉；如果把孩子比作一本书，那么他们成长的点点滴滴就是书中的故事。享受孩子们成长中的酸甜苦辣，这就是教师的生活！

我想说——

青涩时，教 80 后的学生，让我感受到了淳朴、真挚的亲情。

展翅时，教 90 后的学生，让我感受到了 90 后的灵魂在飞舞，让我品味到了"脑残"一代的思想。

羽翼丰满后，教 00 后的学生，让我感受到了他们思想的独立、个性的张扬，让我发出"再不疯狂就老了"的感叹！

在岁月的磨炼中，我的思想发生着改变，由青涩变得成熟。而我们的学生变得更快，他们具有时代性，这种时代性也深刻地影响着我们。作为一个摆渡者，最大幸福就是把一群孩子送往理想的彼岸，用心教育孩子，我始终相信——倾注心血的爱一定能使孩子们早日绽放！今天的积蕴，是为了明天的放飞，还有什么比看着学生飞得更高、更快、更远更令教师欣慰的呢？看到学生有了成绩，有了进步，打心底感到开心，我想用千百倍的耕耘，换来桃李满园香。所以，我觉得所有的付出都是值得的！

岁月如梭，光阴荏苒，亦不再年轻，但总觉得自己身上有一股无形的力量鞭策着自己，如饥似渴的学习将成为提升自我的"温泉"，用暖暖的爱来塑造"温情"的班主任情愫，用无畏的闯劲来传递课改的"温馨"，用矢志不渝的追求来保存教育的"常温"状态，做一名有温度的老师。

融于琴弦，歇于指尖，念想是轻松温润的弹唱；热于情丝，曼舞心田，念想是优雅舒心的述说。飘逸着几分神秘，甜了情牵，胸中温暖；携带着几分矜持，醉于教育，心儿灿烂。喜欢魏书生老师的这样一句话："守住心灵的宁静，守住自己快乐的阵地。"

目 录

国培念想

教育念想

课堂念想

离别念想

后 记

国培念想

人因思而变

只要你还嫩绿，你就会继续成长；一旦你已经成熟，你就开始腐烂。

——题记

2014 年 7 月，幸福悄然到来。我有幸被遴选为 2014 年湖南省初中青年精英教师，争取到了这个为期三年的高层次、专业化的培训机会，从而开启了我新的教育人生。在华中师范大学培训的三年里，如果用三个词来总结，我想用暖暖、美美、满满来形容，收获颇多，受益匪浅。在这繁忙而又充实的三年里，培训和实践反思成了我的主旋律，国培给予了我对教育重审的机会，引发了我对教师职业的深思。我也逐渐开始意识到：未来的好老师，不仅仅是简单的教书匠，而应当是对教育实践的反思者。

在华中师范大学的培训，是一次自我学习、自我反思和自我提升的过程：有理论上的深入学习，有实践上的深刻反思；有导师面对面的亲切指导，有影子学校的实践观摩。我懂得了观课议课的重要性，初步感受到了课堂观察对课改研究的意义，深刻明白了深度教学的理念与策略。在这高大上的培训中，我接受了最前沿、最先进、最潮流的理念；在这充实的培训中，我认识了一群充满正能量、拥有教育情怀的教育同行者；在这次提升培训中，我对自己的成长过程进行了一次深刻的反思。

在所有"头脑风暴"的培训中，我发现专家、教授们身上有着"惊人的相似"：一是对教育的那份执着和爱成就了今天的他们；二是他们十年如一日的潜心学习和研究。此次给我们培训的教授、专家们的讲课再次点燃了我的激情：当下的教育，需要一定的勇气和担当，需要最好的心态坚定地走下去，我将带着一份具有神奇力量的"爱"前行，在学习中沉淀自己。

外面的世界发展太快了，我们不能局限于自己狭小的空间。所以，未来的从师之路，学习非常重要。培训的每一天，我都将学习笔记整理成日记，每一篇日记都是一份非常棒的资源，从而充实了自己的成长之路。回来后，我最大的冲动便是两个字："改变！"我开始关注自己的课堂，有效教学是我所追求的境界。我开始关注信息技术能力的提升，用最新的观念指导教学，用最先进的教学手段重构自己的课堂，从而提高自己的教育教学能力。

每一位老师都是一位麦田的守望者，每一个学生都是一朵待放的花朵，播下一粒种子，将收获一份希望；付出一份努力，将收获累累硕果！还记得陈大伟教授说过的一句话："只要你还嫩绿，你就会继续成长；一旦你已经成熟，你就开始腐烂。"无论我们处于教育的何种阶段，"人因思而变"，要用思想创造自己的幸福。

教育梦悄然盛开

"我们不能改变世界，却可以改变自己！我们虽没有大师的荣耀，但我们可以有大师的情怀！我们可以仰慕专家，但我们不能迷信专家！批判、甄别、选择，做一个有良心的教育麦田守望者!"

"教育是功德，惜缘种福，生命圆满。我们不是生在最好的时代，也绝非在最坏的时代苟且。少一分抱怨，多一点付出，点点滴滴，都是修行。"

"精英班的微课比赛就是一场接受听觉、视觉和思维上的盛宴。"

"最好的教育是看不出教育目的的教育。"

……

一场微课比赛，从羞涩的初赛到震撼的复、决赛，让我目睹了精英班同学的精彩，那是声情并茂的表演，那是深度思考的对话，杨青同学带着我们二组所有人的期待和心愿，摘取了本次大赛的冠亚军，令其他各组刮目相看。

如果说我们还沉醉于比赛的胜利当中，那么余映潮教授的到来，才算掀起了班级同学听课的高潮。余教授是我们众多语文一线教师心中的"男神"，是我们期待已久的大师级人物。他的到来，让我们的课堂变得更加厚实和深邃。

他告诉我们教师的行业就是一种历练生命的过程，每天做一点，一直向前走，方可成为大家；坚持走难走的路，必定能见到不寻常的美景；只要有一种追寻的勇气，生命便永远年轻。

每一位教师要成为名师，必须发展自己，因为发展自己才是我们每个教师真正的大事。在我们仰慕余教授的同时，我们也看到了他坚持如一的本色。

几十年如一日，潜心读书，钻研教材，勤做笔记，善思问题，独特的角度，缜密的构思，细微的关注，不同寻常的思考，让我在短短两天的学习中对这位教师产生了无限的敬意和钦佩。他不是神，也不是偶像，他却是一位真正在做教育的坚守者。我对他佩服的同时，心中有了更多的惭愧和自责，每天冠冕堂皇地说自己要成为一名优秀的老师，殊不知自己离合格还相差甚远。同余教授相比，我看到了自己未来成长的方向，看到了自己身上诸多不足，看到了教书匠和教育家之间的差别，看到了一位语文教师真正教孩子们学习语文的样子……

惭愧啊，审视自己的语文课堂，我到底教会了学生什么……

自责啊，对比自己的工作态度，我离余教授的要求还相差太远。

庆幸啊，此次培训、充电，是我在教学生涯中一次无比重要的洗礼，也将是我在教育追求中一次无比华丽的转身，相信三年的沉淀和追寻，一定会有一个全新的自我。

努力啊，就在这个怒放的八月里，我再次感受到了一股无形的力量在鞭策着自己，因为我的身边多了一群朝着太阳方向奔跑的智者，多了一些充满教育情怀的同行者。

专家的引领，班主任张继波老师的激励，同学的帮助，组员的交流，每一堂课都给予人振奋，每一次交流都渗透着智慧。于是，我坚守理想，重拾激情，再次起航，义无反顾！

又到了激情燃烧的岁月

　　每日上课前我们都有六分钟的学员分享时间，在这短暂的六分钟里，我们总能分享到精彩的教育故事。而就在今天，我们又被王仕平同学质朴的教育情怀打动了。她是一位来自大山里的教师，在她颤抖的言语中，我们听出了她对此次学习的珍惜和执着。这位来自大山里的最美教师，她的每一句话都勾起了我青涩年华的回忆。正是相同的经历，相同的情怀，培训让我们走到了一起，共圆"华师梦"。

　　当她在精英班的同学面前勇敢地说出自己是中师毕业生时，我的内心随之一颤，一种从未有过的骄傲从心间淌过。第一次为自己是一名中师毕业生感到骄傲，彻底抛弃了心中的那份自卑，抛弃了那份自惭形秽的忐忑。我开始为班级中与我一样努力的精英们，与我一样在起跑线上执着追求的小伙伴们感到自豪。王老师提到了刚来班级时心里的感受，我觉得她也道出了我一直以来想要说的话。由接到通知书的兴奋到进入精英班学习的惴惴不安，由上台分享的彻夜难眠到微课设计的艰难苦熬，平静的内心因在这样优秀的班级里纠结、挣扎。刚到这个班级的时候，我有一点自卑，每天听专家们讲座，对新生事物的接触都非常忐忑，而在每天学员分享经验时，我都会深刻反思。

　　因为有幸参加了此次培训，我才又重新看到了一份宽广的天空；因为小伙伴们的优秀，我才清晰地认知到了自己的差距和不足；因为融入这样的班级，我才又重新燃起了奋斗的激情！方向比努力更重要，这句简单的话一语击中我们人性的弱点。一直以来都觉得自己非常优秀了，也在无形当中停止了自己前进的脚步，开始放纵自己的生活。殊不知，我已在原地停息许久！

如今，又有一股新的力量在推动我成长：提升专业素养，向着精英的方向前行，别无选择！在这个正能量特别强的班级里，我沉淀了许多，也收获到了很多东西，这些宝贵的回忆是用任何东西都无法换回来的！

我很庆幸在自己专业成长的关键时刻能有这么一次培训，我想这可能又是我人生中一次重要的转折，一次华丽的转身。因为坐在第一排听课，与教授离得最近，身后又有那么多的同学监督，所以我算得上班级听课最认真的学生，没过几天我在班级里便有了"学霸"的美称。嘿嘿，为了这称号，我也得督促自己努力一些，即使坚持不住了，就会拿出准备好的风油精消除疲劳。感谢同学们对我的肯定和鼓励，感谢第一排的座位，我相信，只要努力，只要付出，一定能学有所成！在这个班级，即使我跑得慢点，走到最后，我都会紧紧跟随在大家的身后，因为我不想离开这个充满睿智、充满正能量、充满教育情怀的班级。相信，纵使三年后结果不同，但我更珍惜这份蜕变的过程，这份提升的快乐，这份改变的勇气。

又到了激情燃烧的岁月，我们又开始快乐的奋斗，如十年前那般心境，原来提升自己是那么的开心、充实、快乐！

教育就是迷恋他人成长的学问

　　教师的幸福来源于被别人相信，被别人肯定。我们的一生离不开孩子，所以与我有关的幸福都与学生有关。我常常忘记自己给予过别人什么，但却常常记住别人给予过自己什么，所以，我是一个快乐的行者。

　　今天下午为我们讲课的是湖南省中小学教师发展中心、省国培办黄佑生主任。当他在课堂中问及学员心目中钦佩的教育家时，学员们对自己心中的偶像侃侃而谈。当他在课堂中提出两个对比案例时，五十名学员分成四组进行了激烈的研讨，每个人都有自己的观点，每个人都有自己的角度，这样的课堂，让我再次体验到因思想碰撞所闪现出火花的智慧课堂。不愧是精英班的学员，每个人都不想埋没自己的观点，每个人都积极地述说自己的想法。当四个小组在黑板上展示小组成果时，十二个观点竟无一相同。每组都派一名组员上台演说，不同的视角剖析，不同的形式展示，引经据典，博古通今，可谓精彩纷呈，令人深思。

　　在课堂中，我第一次认识了北京第十一中学的李希贵校长，他受邀参与了中央电视台组织的《开讲了》的节目，让我们明白了孩子们现在的学习都是为了四十岁做准备，教育就是迷恋他人成长的学问。

　　学校是一个真正给予孩子幸福成长的地方，学校也担任着培养人和让孩子自由发展的责任。教育不仅是传道授业解惑，更应当是要发掘孩子的潜能，从而帮助每一位孩子，让每一位孩子成功。我们只有构建了平等的师生关系，学生才能更加真实地展现自我，我们才能看到孩子真实的内心。

　　这次精英班的培训是湖南省教育厅重点打造的项目，我们也成了重点打磨的对象。自从我被冠以"精英"这个头衔后，内心特别忐忑，因为自己觉得离这个称号还太远，还有很长很长的一段距离。所以，我每天都特别认真地听课，因为我觉得这样的成长对于我来说太重要了。

吾日三省吾身，努力的方向是：提升自己知识的广度和深度，加大各种理论的学习，注重实践，大胆展示，积极在公开场合展现自我。

又到了一个奋斗的年华，我的教育学习之路重新开启！在未来的日子，我将会把自己的职业当作一项事业来做，正所谓：心不苦，不辛苦！

一个人走得快，一群人才走得远；一个人走得孤独，一群人才走得快乐。

你想成为什么样的人，你可能就会成为什么样的人。当下的社会，需要一定的勇气和担当，需要一点理想主义，我的选择是静心教书，潜心育人，专心研究，用心做事。

教育哲学彰显教师专业发展的新境界

第一次听说教育哲学这个概念，华中师范大学教授、博士生导师王坤庆教授引领我们走进了一个教师专业发展的新境界。之前我们听到的教师专业发展，大多是停留在知识和技能层面的成长，而在教育哲学的领域里，还包含了师德和观念，方法与情怀，这种立体式的发展，才是教师专业发展的新境界。

王教授让我深刻明白了杜威教育理念的核心内容，教育必须以儿童为中心，引导儿童在做中学。而我们中国的教育则是一味地引导孩子在讲中学，在听中学，采用"满堂灌"和"一言堂"的形式。

教师的个人教育哲学是教师在长期的学习与实践的基础上积累而形成的，对教育的基本看法或对教育理想信念的集中与浓缩，是教师根本的教育观念，是教师的教育灵魂所在。在哲学上，没有对错，只有选择！一个睿智的理论工作者要比一个盲目的实践者更成功！王教授为我们隆重介绍了一位武汉教学一线上的老教师——胡国栋老师，一位没有"秘密武器"的教学奇葩，一位具有发现学生慧眼的师爱代表，从胡老师的身上让我们明白了：真正成功的教育就是让学生学会自我教育。在胡老师的眼里，当代教师的形象应当是一种知识分子的形象，富有知识，不盲从，不偏见。当代教师需要有批判的精神，敢于超越自我的勇气，在引导学生健康、全面发展的同时，还要关心社会进步，从而不断地追求和实现自身的价值。

最后，我想说：教师的职业理想比教师的职业道德更重要！

做一名自己幸福，学生喜欢的老师

每每回忆湖北省"三八红旗手"耿喜玲教授的那堂题为《做一名自己幸福，学生喜欢的教师》的讲座时，我不得不佩服这位享受国务院政府津贴的心理特级教师，她留给我们一种如沐春风，豁然开朗的感觉。

学生喜欢的老师，周边人也会喜欢。如果是思维方式出错，几乎是无法检查的。其实很多愤怒的结果，都是我们自己千辛万苦培养出来的结果，是自己奋斗的结果。"马加爵事件"，让我领悟到学生心理健康的重要性。一个情商不高的人，他未来的生活也不一定快乐。活在世上的每一个人，他再伟大，也不可能一生万事如意，人与人之间的差别是遇事的多少。一个好的心理老师是在心理危机到来之前让你产生一种抗体，将伤害降到最低。

心理是否健康将会影响身体是否健康，而健康是幸福的基石，身体不要透支，因为是要还的。它还影响你的事业，因为你是谁不重要，重要的是看你和谁在一起。优秀的人愿不愿扶持你，决定了你的成败。心理健康度高的人，会有很多优秀的人借给你肩膀，这样反而会促使你成功。医生治不好不想活的人，教师也教不好不想学的人。一个心理健康度不高的人，别人也不会喜欢你。你的幸福指数影响着周边的人，家里的人！

心里着急的人，行为拖延；行为不急的人，心里着急。所以，我们要活在当下，学在当下，教在当下，乐在当下。很多时候，我们在培养孩子个性的同时，反而把察言观色当成了一个负性词。有一点我们必须明确：只要在公开场所与孩子发生冲突，错的永远是老师！一个人在情绪极度低的时候，无论是喜还是悲，都是没有智商的。

　　我还懂得了一定要注意体察别人心理状态的道理。当别人在心理危机的时候，不需要一个教育家，也不需要一个事后诸葛亮。同时，我也懂得了自卑是人类痛苦中最痛的痛，是人类所有负面情绪中最差的一种。马加爵就是因为自卑而害了自己！作为一名教育工作者，不要给自己制造自卑，也不要给他人制造自卑，而教师职业又是所有职业中最容易自卑的职业。人与人之间的关系就是镜子关系，不要拼命地包装自己，因为这样最容易让自己受伤，这样还会让别人对你避而远之。一个人是不会为"自己无论付出多大努力而结果都不会改变的事情"去激情努力的，因为他内心害怕，恐慌。

　　让我们做一个自己幸福，学生喜欢的老师吧！

教育均衡发展的思考

均衡发展这个概念在我的眼里并不陌生，我一直认为这是一个数字游戏，一个虚假的坚持，一个造假的工程。培训中，华中师范大学的雷万鹏教授居然也要与我们畅谈《义务教育均衡发展战略思考》的话题，我很惊诧，因为我一直觉得教育的发展大计与我们一线的教师八竿子打不着。

雷教授让我们站在旁观者、调研员的角度去思考一些教育的问题，让我有一种豁然开朗的感觉。过去，我们一直认为教育的差距在于学校的资源，而日本教育家通过长期的研究，结果表明差距来源于家庭背景。

在应试教育未改变的情况下，我们从未清晰地调查学生到底发生了什么转变，而是把目光放在课堂改革或导学案的设计上，其实这是一种流于形式、皮毛似的改革。校长们长期注重学校的形象工程，老师们也未深入研究我们的学生，未认真面对我们的教材，也是一味地流于形式，这才是真正的问题。教育机制不改，任何改革都无济于事。

教育其实是一次人力投资，但很长一段时间，人们是把教育当作一种消费，把教育工程当作一种面子工程，从未注重教育的本质。不是每个人都能穿上貂皮大衣，社会已存在差异性。教育不等同于吃饭问题，而求学是影响学生一辈子的问题，所以教育是一种投资性的事业，而且没有太多的选择。教育发展中的一次被动就会造成人生中的处处被动，现行的教育体现的是一次教育的"筛选"工程，所以我们的教育一定要从基础教育抓起，关注起点。

我们每个人都要有文化自信，相信自己。除此之外，我们还要有一种教育的包容性，既要学会与同事和谐相处，又要学会包容每一个需要发展的孩子，对每一个孩子公平。教育既能给孩子们带来一个美好的未来，又能有效地维护社会稳定，所以，教育又是社会的整合器。

这个世界最可怕的事情是用你的出生，你的种族来决定你的发展。人的发展中最重要的目标是过着一种有尊严的生活，我们要学会跳出来，要让自己的生活变得多元化、自由化、色彩化。我们的教育不回归到人的发展本身，会进入一种误区；我们的教师如果不回到人的本身发展，一切都是徒劳。作为教育工作者，我们不是玩教育游戏，而是要审思我们的目标。

教育均衡发展追求的是公平公正，而绝不是平均发展。在农村"空壳化"、家族"离心化"的背景下，人的伦理意识大大倒退，道德观、伦理观大大迷失。留守儿童不是一个教育问题，而是一个社会问题。留守儿童的第一责任人是父母、政府，而社会却把责任推卸给了教师、妇联等部门，造成严重的错位。教育在社会中的地位越来越弱势，如溺水、死亡都归依为学校，这就是将社会矛盾转交给了教育。现在教育资源浪费极大，教育资源的投资越来越多，但却投错了方向。

我们要变成一个自觉者，多一点反思，能看到自己长处、短板及未来的方向，这样才能真正提升自我。教育公平需要每个教育工作者的良知和包容，所以，我们要善待每一个孩子，学会用发展的眼光去对待孩子。

教育其实是一个人生活质量和未来社会整体提质的重要因素。我想说：我们要为学生提供个性的教育，你的一杯水，是茶水还是饮料，又或是果汁？有好的教师，才能有好的教育！教师的成长是一个不断超越自我的活动，为学生和个人的生命成长而教！

深度教学，让课堂更有力度

聆听了华东师大郭元祥教授题为《深度教学——理念与策略》的讲座后，让我对这位在教师节受到习近平主席亲自接见并表彰的老师肃然起敬，无比钦佩！他用平缓的语调，犀利的语言为我们打造了一个有深度的课堂，短短三个小时，让我们在寒冷的冬季如沐春风。透过专家的理念，审视自己的教学，深知自己的不足和差距。课堂深度通过知识的转化去突破的这种做法从未实践过，这样的理念对自己的冲击太给力了，如黑夜行走中的一盏明灯，如迷茫懵懂中的一缕阳光，有一种柳暗花明，豁然开朗的感觉！

郭教授说语文是一门充满母性的学科，是百科之母，是文化的集中表现形式，它蕴含着深厚的文化形式和文化情怀。它绝不是简单的字词句段篇的教学，而应当是有思想情怀的教学。反思就是上浮，传授就是下沉。一堂课要真正让学生获得素养和发展，而不是简单的传授和传承。教育学的本质是通过知识的传授来改变人，改变的多少、改变的程度、改变的深度才是我们要思考的。课堂教学不是为了使学生获得公共知识，而是要通过多元的学习活动建立个人知识的体系。

知识成立的条件包括信念，而信奉和坚守的理念就是信念。过度的学习，机械重复的学习是没有深度的学习。学生在学习过程中的提升就是增值，如学会感恩、孝敬等知识，它就是一个增值的过程，在我们的语文教学中，必须让学生体验增值的过程。我们在教孩子们读书的时候，不要看作者怎么看，而是要想自己怎么看，寻找自己的声音，学会换一种角度去看待问题。教学过程中教师的作用根本不是"告诉"知识，而是"激发"学生的学习潜能，"激发"学习热情，"引领"处事方法，同时培养学生的学习态度、树立价值观以及提升综合能力。

叶澜教授说，"我们要让课堂教学充满活力"，优秀的课堂是充满了经验的流动，充满了心灵约会的课堂。教学是以知识的理解为载体引导学生构建成长意义的过程，而我们目前的教学改革是从一个极端走向了另一个极端，让知识符号等同于表层理解。

一个棒球教练的故事让我们明白了：一个人的失败不是没有目标、梦想、自信和教练，而是不知道自己的潜能有多大。"没有在筋疲力尽时别放弃，把你的心交给我，你可以的！从现在开始完全靠心理，不会太困难，拿出最好的表现，你要继续，不要放弃！"这一句句从教练口中说出的话震撼了我的心灵，作为一名教育工作者，我发现自己的努力和引领还远远不够。

在现行的教学目标中，我们对学生的"四个学会"提升为"五个学会"，其中提到了最为重要的一个理念，那就是学会转变。学会转变是思想的行动，是思维的转换，在未来的教学中，我一定会从学会转变上去引领孩子们成长！

深度课堂是理解性的课堂，而绝非灌输式的课堂；深度课堂是构建性的课堂，而绝非接受性的课堂；学生在课堂上应当有情感的冲突，而绝非单纯地坐在那里不动声色。一切学习效能低下的教学，都属于表层教学。在《我是演说家》之董丽娜的《别把梦想逼上绝路》的视频中，我们有着深刻的体验。我被这样的一段话深深地打动了："盲人从一出生时，推拿便成了唯一的出路。人的一生怎能从刚刚开始就知道结果呢？我一定要有一个新的开始！我终于在一次偶然的机会中寻找到了自己想要的东西，命运不管如何，它不会把你逼上绝路。寻找到自己的声音，寻找不一样的人生。命运虽然给了我一双看不见明天的眼睛，却没有给我一个看不见明天的未来。"

如果一位语文老师与自己的学生相处三年，孩子们没有看到老师一次痛哭流涕，没有听到老师一次出口成章，没有看到老师一次激情满怀，没有看到老师一次义愤填膺……这样的课堂是没有深度的教学！我们的语文教学是给予别人泪流满面的教学，关注孩子内心的自由，走进学生的内心世界，让学生排除内心的孤独感，对外部世界的迷茫感，对生活的陌生感和对现实的厌恶感，有深度的课堂就是心灵与心灵约会的课堂！

最后我想说：与其让学生对得稀里糊涂，不如让学生错得清楚明白！课堂教学的深度其实就是对学生广度的提升，而不是单纯的功利性教学，深度教学通过知识的转化去突破！

想大问题，做小事情

有一种老师，总会懂得学习，懂得总结，懂得分享，那就是教研员身份。再次与湖北省武昌区教研培训中心沈旎老师见面，一种亲切和熟悉的味道油然而生。还是刚刚知晓培训内容时，沈老师就在精英群里与我们互动起来。她不同于其他教授，为我们准备的内容非常接地气，总能帮我们解决一些实际存在的教研问题。在沈老师身上，我懂得很多成长的方式和提升自我的办法，可以概括为几个关键词：习惯，思考，学习。

当你在羡慕专家们的睿智和聪慧时，不如静心去学习，静心去思考。没有哪一种模式和习惯完全适合你，但教授们自身的成长经历却能为我们指引方向。我们这群刚成熟的老师被赐予"精英"的身份后，与之同时也"染"上了浮躁，骄傲的坏情绪，忘记了前行的方向，忘记了前行的初心。大师们零距离对我们的教导，显得尤为重要。在大师们的面前取其精华，归零心态，放空自己，才能向上发展。

沈老师授课的内容为《我的教研与课题》，她首先为我们精心地推荐了三种教育资源，让我们初步感悟：连续的学习经验才是有价值的！通过颁发奖品，亲自做操的形式在课堂中与我们互动，不仅拉进了我们师生的距离，还顺其自然地让我们明白了"亲身教育"远甚于"请看大屏幕"的学习方式。她用她分崩离析的切身工作体会，教会了我们用文件名的方式进行文档整理，引领我们掌握收集资料的好方法；她又兴致勃勃地教我们搜索审稿的方法，让我们懂得了写论文时如何立意、扣题，连如何分清序号这样的细节也不放过。课堂中，沈老师还实际模拟了一堂十五分钟的研究课——画硬币，通过体验式教学，得到了 see-do-talk-transport 的课堂模式。这堂现场互动课，让我们懂得了资源本身不是课程，但资源是课程开发的基础，只有当资源被编进课程体系，具有教育的意味，达到教学目标的手段、载体、实践的内容时，资源才能转化成课程资源。她引领我们要懂得课程的整合，学会热整合，冷思考。针对现在流行的合作学习模式，真实的任务才能引起有意义的学习。

我最佩服她的是不断学习的毅力和睿智学习的能力。好东西只有用来分享才算好东西，沈老师为我们推荐了她常用的学习方式，在线学习也好，观看网易公开课也罢，只要你想学习，有很多学习方式可以提升自己，我们一定要学会将学习放于心中。

谢谢您——沈旎老师！

大学研究模式给我的思考

蹭了两天大学英语课，云里雾里的，但教育的理念和教育的方式还是有共性的，有一些灵感，有一些顿悟！

我看到了这样的一幅场景：一群大学教授不辞辛苦地带领着一群学生在图书馆潜心搞研究，令我心生羡慕。导师们确定一个主题，学生们在二个星期之内撰写论文开题报告，然后交流讨论，交换意见，学生当场质疑，教师当面指导，最后确定研究的方向。羡慕的同时，我也有我自己的想法，这样的研究方式似乎缺失一点"接地气"的东西。

对比我们长期坚守在一线的教师来说，他们的研究理论偏多，实践偏少；而我们的教学行为重实践，缺理论。众多教师从不反思自己的教学行为，也不阅读教育理论方面的书籍，这让高端研究和实践总结完全脱节。"纸上空谈终觉浅，绝知此事要躬行"，这次与导师面对面的研修活动方式很好，我们也很珍惜这样的学习方式，但我们一线教师思考的问题与大学导师研究的方向却存在很大的差异性，我的困惑只能遗憾地藏于心中。

在导师与研究生面对面的交流中，我常常从语文学科的角度来思考与我相关的问题。在研究生谈到实习感悟时，那种教学在场感油然而生。我收获了一些碎片化的感悟：在教学活动的设计中，自己认为特别有意思的活动，在指导老师面前却觉得特别零散，老师建议我们活动之间应当有联系，不应当"碎片化"；面对差生的态度不能放弃和回避，而应当更加重视；面对好生，他们已经具备了良好的学习习惯和学习动机，我们只需引领和鼓励。

我们的教育勇气来源于教育的视野，在英语教学中，"先思维再语言"的教学已成为一种趋向。通过课堂观察，我发现现在的课堂"非言语"活动比较多，低头做笔记的行为远甚于课堂互动的行为，这其实让我们的教学失去了生命力。

任何体验都是有收获的，新接手一个任务，总觉得困难多于勇气。一个孩子分享了她在国外做外教的经历：她认为美国学生之所以优秀是有道理的，任何机会都是压力与惊喜共存的。外教工作经历让自己感觉到自己是一座"立交桥"，在多方面的沟通工作后，让自己从"小白兔"变得无所不能。当回首这段经历时，它已成为感动自己的篇章。

每一个年轻人都有自己的梦想，当梦想触及现实时，总会遭遇质疑。很多东西都想去尝试，但受固定模式的影响，需要很长一段时间去实现。其实我想对年青人说，此时应学学鲁迅，走自己的路，让别人去说吧！

······

我喜欢这样自由交流的学习形式，倾听别人的发言，亦是一种启迪，一种成长！收获总在点滴间，成长总在累积中！

指导国培生　请相互鼓励

在华中师范大学的科学会堂里，我参与了师范生与国培精英教师面对面的交流会。回想当年，我们可没有这么幸福和幸运：在最美丽的年华里，缺失学校的明确引领，缺乏与前辈们的零距离交流，更缺少清晰的人生规划。在悄然成长中，迷迷糊糊走了许多弯路，醒来时，庆幸还不算太晚！学习、反思、改变成了我新的人生目标，下一个十年，再一个十年，我相信能清晰而又幸福地享受那份快乐！

与其说今天的交流会是面对面指导学生，不如说对自己也是一次重大的提升。聆听精英班同学们的温馨教导，心灵再次得以洗礼。总有这么一些声音回响在我的耳边：选择了教育，就是选择了一种生活方式。精英班同学们的一席话，让我对教育有了新的感悟：刘炜伟老师的三个故事巧设悬念，意犹未尽；肖春国大哥的讲话直戳人心，春风化雨；王仕平老师的生命在场理念，句句感人肺腑；廖小光校长倡导教育需要激情，做一个有故事的教师成为师范学子们的奋斗目标；陈秋梅老师的五个"做"，让我们懂得了成为优秀教师的五个要素；张静老师为学子们推荐了一篇题为《我是一头教师》的贴子，引起了众人的共鸣；周迪云老师的那一句"当教师是需要有天赋的"，深深触碰了我的心灵，还让我们懂得了教师练就一手绝活的重要性；刘红星老师的成长和修身话题，让我们懂得了教育是"慢"的艺术，教育还需要等待！

听君一席话，胜读十年书，短短两个小时，受益匪浅！选择教育需要一种勇气，从事教育需要一种底气，研究教育需要一种灵气，让我们每一个人做一个有情有义，有质有量，有滋有味，有教育尊严的老师吧！

华中师范大学的学子太幸福了……

今日异地遇老乡，乐哉！今日喜得感悟篇，妙哉！华师培养的师范生，能量超乎我的想象，长江后浪推前浪啊！特分享华师学子对比感悟篇，用此传承快乐！这个90后的未来教师让我刮目相看，突然觉得中国的教育充满了希望。

附：　　　　　**感恩与精英班教师面对面的交流**
　　——华中师范大学汉语言文学（师范）专业1405班　胡伊凡（原稿）

任何有感触的东西，都要第一时间记录下来，才会有那份温存和沉淀。今天的交流会，还是想用最普遍也是最经典的话来概括——受益匪浅。今晚师范生与精英班教师面对面的交流活动，作为一名正在修炼的师范生，我有一种特殊的情结，一边到场的老师都来自我的家乡——湖南省，一边是我大学最以之为家的主办方，心潮澎湃，感恩于心。

在主席台发言的精英班老师，还有来自我心心念念四大名校的老师们，他们各有千秋，各有风格。

长沙市雅礼雨花中学的刘炜伟老师，淡定从容，分享了自己带的实习生三个事例：

1. 面试时穿名牌鞋，背名牌包，刘老师投了反对票；

2. 讨论时，老师提到比喻有五种，她毅然打断，说比喻有八种，并且一个个列举出来；

3. 刘老师要求他录一个2分钟的微课，实习生回答说"微课是什么，我们大学没有学过"。刘老师的分享在讲完事例后戛然而止，意味深长。

谈及成长，长沙市长郡芙蓉中学的刘红星老师对我们提出了"规划"二字，教育的成长应当分时段规划：大学学习期间，入职初期，入职5～10年等。在修身方面，老师提出"人非工具"的观念，一方面不把学生作为自我成就的展览品和工具；另一方面，教师本人不是工具，有"子女""丈夫/妻子"等多重角色，在教学之外还应当有自己的生活、爱好。一个老师自身的幸福、阳光、优雅、从容才能真正影响学生的成长。

我们还收获了"术"和"道"之间的关系，"术"对应成长，是各项技能的提升；"道"才是"修身"，是教育理念的提升。"形成自己独特的教学风格，有自己的绝活，有智慧、有激情、有爱心、有故事"是八位老师涉及的关键词，句句箴言。

后来我们组的同学与老师亲切交流，向老师们请教了班级管理、教学能力、教师成长等方面的问题。班级管理方面，特殊的孩子特殊对待，调皮的孩子多半是渴望得到关注，中等生身上多花精力这些问题，自己在暑期支教的时候也深有体会。教学能力上，我们提出了现在面临的现实性问题——赛课如何出彩。赛课，首先要懂得扬长避短，突出自己的优势，比如我普通话不错，板书漂亮，那就有意识地亮板书；如果"话、字"方面没有所长，那么教学设计上一定要打造亮点。手上有的教学资料，必定有共性，提取出共性，然后自己再突破。教姿教态方面，录下自己练习讲课的视频或者声音，自己反复看，反复听，抠细节，查缺点。老师告诉我们，带班的第一堂课很重要的。其次，入职前三年的表现，校长会给我们一个定位。来自郴州市八中的谢娜老师分享了她在语文教学中的一些突破：《散步》设计让学生给人物送花的环节，《羚羊木雕》设计成分组让学生辩论的形式等。优质的语文教学，高效的语文课堂，学生感兴趣的话题，重在培养学生的语文素养，显然不是"分析人物形象，概括段意及中心思想"的固定模式。我们是过来人，深知学生对那种模式的反感，也不愿形成一个恶性循环，毕竟那种模式下的语文老师可以被其他科任老师或者学生取代。在教师自身成长上，是我今天感触最深的一点。谢老师告诉我们，她对学生说，她是他们班第 54 个学生，设置首席学生桌，上面摆放着自己的日记，班费购买的书籍从而营造良好的班级文化氛围。老师每天都会写教育心得（日记），并且和学生进行"日记长跑"，对坚持下来的学生进行奖励，并在日记中与学生形成了良好的互动，现在学生已经是每天不记录一点，反倒觉得生活少了一点滋味。每一次外出学习，聆听别人的发言，她都会带纸笔，用于记录、学习。因为自我反思、整理、感悟对个人的成长非常重要。同时，语文老师一定要多出去旅游，多思考。与时俱进也很重要，抓住学生的兴趣点，他们看什么电视节目，你也要去关注，找到师生之间的共同话题，从中挖掘和语文相关的东西，同时作为班主任，还要利用其进行思想引领。

关于刘炜伟老师分享的三个事例，谢老师还进一步做了解读。首先，老师要注意自己的穿着和形象。这一点我在这次学院的讲课比赛决赛里是有教训的，我穿了一条超短的裙子去赛课，最后陈老师点评的时候说："我要重点说说你，你应该知道自己是什么问题？"老师给足了我面子，点到为止。"除了那一点，你的课堂很稳，控制得很好"，虽然得到了教学论老师的肯定，但是我那天的穿着无疑成了"硬伤"。很庆幸，很感激，我这次犯错了，摔过跤以后就会避免。这一次我失去的只是一场比赛，如果在校没有暴露出来，三年后去应聘，我失去的很有可能就是一份理想的工作。第二个例子，新教师要谦虚，会做人。一线教师经验丰富，我们需要虚心学习。第三个例子，便是要与时俱进，尤其是努力提高信息技术水平。

交流过程中，我感悟最深的是谢娜老师的一席话：她多次向我们灌输，好孩子都是夸出来的，还讲了很多她和她学生的故事，如学生在黑板上写"欢迎 211 班的妈妈回家"，外出学习给老师写信等等，提到这些，谢老师的嘴角都是上扬的。看得出来，谢老师是一位有人格魅力，幸福的老师，她反复告诉我们工作态度决定幸福感，而且要让学生和家长崇拜你。老师还对我们现阶段提出了建议：在大学要学会利用学校的宝贵资源，多读教育方面的理论书籍，提高理论水平。参加工作后，实践多了，如果有深厚的理论基础，分析问题的能力会大大增强。

这仅仅是今天交流会的一个简单记录吧，大学以前一直有写日记的习惯，就算是高三也没有中断，可到了大学，却淡化了。静静一想，大一发生了很多事，有很多东西我是很有感触的，然而没有记下来，总觉是一种遗憾。这次重新拾起，不会再丢！感恩这次面对面与精英班老师学习的机会，不忘初心，方得始终。

激励、唤醒和鼓励

教育的奥秘不在传授而在激励、唤起和鼓励。

——第斯多惠

在华中师范大学吴伦敦教授有关《培训是科学也是艺术》的讲座中，让我受益匪浅的便是文章的题记。一句简单的话，却让我茅塞顿开，心有所悟。

一位简单的教师，她 N 年都是在重复传授知识。

一位反思的教师，她突然懂得了，教育的奥秘不在传授，而在激励、唤起和鼓励。

在我们的师生关系中，激励、唤起和鼓励远比简单的知识传授更重要！我是一名初中语文教师，常激励孩子们好好读书，拼搏奋斗。我们常把孩子们的成绩当作教育的指挥棒，殊不知众多孩子的性格都因成绩恶变，脸上的自信不见啦，笑容没有了，活动不敢参加了，对身边的一切都开始漠然了。这才是最可怕的事情，也是我们教师工作者最大的失败。

我现在任教的班级很特殊，特殊在孩子们的成绩相对较好，班级内部的竞争也很激烈。可成绩成就了一部分同学，也击垮了一部分孩子。培训之前的我一直都把成绩看得很重，最近我在深刻领会赏识教育，也就是今天提及对学生的激励、唤起和鼓励。班级几个内向的孩子都成功被我"感化"，特别有成就感，我也是在"教育的高原反应阶段"顿悟了教育的精髓。

　　传授知识只是一个简单的教书匠，而激励、唤醒和鼓励才是一个"大写"的教师所思所想。激励和鼓励一个孩子能影响他的一生，而唤醒一个孩子却能改变他的一生。"唤醒"的教育才是真教育。"唤醒"或许是简单的一次谈话，又或许是一次恰当的鼓励，还或许是一次公开的激励。形式其实并不重要，重要的是孩子们在唤醒的过程中，心灵的一次成长蜕变。孩子们在唤醒之后的表现是积极的学习行为和充满期待的眼神，如一缕阳光照进了心灵，有"心花"怒放的感觉。在唤醒之后，还需跟踪鼓励和激励，这样才能让心灵上的小苗茁壮成长起来。

　　我想，当孩子们回首往事时，能记住更多的是教师的激励、唤醒和鼓励，因为这对孩子们非常重要。班级中的贺建磊就是一个成功的例子，他因一次课本剧的表演被唤醒，从此变得自信、开朗、积极、上进。被唤醒的他从云雾里走出来，感受到阳光是如此的温暖和舒心，所以他更愿意改变自己，做更好的自我。课本剧的一个正面人物的扮演彻底改变了他的思想，从此他将正能量的东西传递到自己身上，从而遇见了最棒的自己。对于这个孩子的改变，我一直都特别的欣慰，因为他的转变，也让我顿悟了教育的精髓。孩子的转变，其实更多的是给予了老师的信心，因为有了老师的顿悟，也会有更多的孩子被唤醒。所以，思想上前进一小步，对自己整个的教育生涯都是一次碰撞和改变。教师的顿悟，才是孩子们的福气，这又让我想到那一句话——人因思而改变。

　　我希望自己今天突然的顿悟不是一次简单的转变，而是长久的坚持和实践。教师对孩子激励、唤醒和鼓励很重要！

孔子教育理念的延续

"我们现行的教育需要教育的哲思。"

"教师内驱的激发可以用'好之'和'乐之'来诠释和区分。"

"教育素养的异化提醒我们做'人师'比做'经师'更重要。"

······

这些经典的话语都来自江苏省教师培训中心主任严华银教授的讲座中，一直久久萦绕在我的脑海里。在严教授睿智的讲座中，我们收获了许多的新词语，新理念，新解读，也懂得了教育方式的转变和教育制度的转型才是未来教育的希望。

严教授就是一个敢于质疑教育体制的人，是一个真性情的教育传道者；同时，也是一个敢于说真话，勤于思考，善于反思的人。在短暂的三个小时中，我们感受到了他的睿智、理性、果敢，他的思维方式值得我们学习，他的质疑精神值得我们尊重，他的教育情怀感染了我们所有学员。我特别喜欢他用孔子教育的理念来作为理论支撑，帮我们解决了教育中所遇到的许多问题，让我们将孔子的教育理念延续到底！

延续一：教育的重点是育人，哲学的精髓是明理，但我们却从未想过像哲学家一样思考教育，这就是严教授提出的"教育的哲思"。如果我们的教育能像哲学家一样思考，教育才能变得更有意义。当严教授提出"我们要对实践者充满信心"时，一石激起千层浪，得到了众多学员的共鸣。因为孔子既是理论者，又是一个实践者。学生的内涵发展最好的阶段就是在孔子阶段，完美地诠释了"因材施教"和"有教无类"的理念，这就是现行教育中的教育哲思。

延续二：教师内驱的激发可以用"好之"和"乐之"来诠释和区分。严教授在分析教师发展基本规律是内驱激发还是外力推动时，他引出了孔子的"知之者不如好之者，好之者不如乐之者"的名言，我特别喜欢这个案例的理论分析。他用生活中的抽烟、嗜酒和吸毒的行为诠释了"好之"的内涵，瞬间的快乐只是弥补了人类情感中短暂的愉悦，但这些活动却能让人在短暂的快乐之后变得后悔、自责，所以这些爱好只能停留在"好之"的层面上。而真正的"乐之"或许是一次偶然的激发，又或许是一次被"唤醒"，是让人永远没有痛苦，喜欢并以之为乐的行为。他用《中国好声音》上选手对音乐的执着精神和"达人秀"节目中的火舞表演者背后的故事，让我们形象生动地理解了"乐之"的内涵。于是，我开始反思自己，自己对坚守的教育事业是停留在"好之"的层面，还是进入了"乐之"的境界？其实，我们每一个教育工作者对教育保持"好之"或"乐之"的态度，决定了未来教育的发展。严教授将我们精英教师定位于湖南省的"种子选手"，期待"星星之火可以燎原"，希冀我们每一位精英教师能在自己的专业发展中拓展、延伸、扩容，成为真正的"精英"。所以，精英教师首先要对自己所坚守的事业上升到"乐之"的境界，这才是教育之福也！

延续三：教育素养的异化提醒我们做"人师"比做"经师"更重要。我的耳际旁一直回荡着严教授说的一句话"我梦见习总书记做了一个教育梦"，这是一个教育工作者对教育的呼唤，也是对现行教育的一次深刻反思。他认为一个总在激励、鼓励下成长起来的人其实是失去了自我，他将这种教育行为定位为"温水里煮青蛙"现象。他指出比总书记更忙的人是我们的孩子，因为我们的孩子没有时间做梦，这也是不符合孔子教育理念的。所以他提醒我们做"人师"比做"经师"更重要，一位好老师不能只停留在抓分数上，能引导学生其他各方面的发展才是最重要的。如果我们的名师将教书异化为解题了，我们的教育一定是出大问题了；如果我们的教育只教会学生适应"应试教育"，那才是最可怕的事情！所以，我们每一位教师都要学会转型，由"经师"变为"人师"，这比什么都重要。

一个好老师需要视野和胸怀，需要找寻到自己的实践自信，理性思维，从而形成自己的实践个性，实践经验和实践特色，在坚守自己的乐园中"乐之"，将教育进行到底！

做一个智慧型的老师

"教书主要靠知识，育人关键看智慧，教师的智慧比知识更重要。"

"做教师的最高境界就是整体投入，只有让自己身心合一了，才能享受到教育的快乐！"

"做教育首先要学会感动自己，才能享受自己！"

"教师是体能充沛、技能丰富、智能高超的综合体。"

"真正持久的幸福是对必然的把握与适应。"

在聆听了武汉大学教育学院程斯辉教授有关《怎样幸福地做教师》的讲座后，让我领悟到了教师的智慧比知识更重要。我们都是一线教师，来自九年义务教育阶段的工作者，我们在传授基础知识的同时，更重要的是机智地解决课堂中出现的问题，理性地处理学生成长中出现的各种"突发事件"。所以，义务教育阶段的优秀班主任老师，是教育战线中的"智囊团"。我们现行很多教育现象是违背自然规律的，如舍近求远的追求名校读书现象，拔苗助长的小学奥数培优现象，作业过多的题海战术现象等，都值得我们每一个教育工作者反思。"衡水中学"有着卓越的高考成绩，我们有没有思考过这样的育人方式能给学生们的未来带来什么？除了个体需要得到满足后，能否保持可持续的，积极的心理状态？我们常把幸福寄托在别人的身上，却忘记了幸福是自我追求的一个过程。

真正智慧型的教师，他懂得在知足与不知足之间找平衡，因为教育是人类社会最崇高、最复杂、最尖端的事业。"最复杂"是缘于我们教育对象的成长是受多方面影响的，"最尖端"则彰显教育充满智慧，因为教育是不确定性的，孩子的成长是不确定性的，所以，从事教育的人都是最优秀的人，也只有最优秀的人才能搞好我们的教育。

教育的效果分三种：正教育、零教育和负教育。我们现行以应试为中心的教育，弥漫着负教育的气息。随着教育的发展，培养孩子的技能逐渐取代体能。孩子的体能在消失，技能在退化，智能占据主潮流的现象值得我们关注。教育把人训练得越来越"智能化"，孩子们将会变得越来越机械化、愚蠢化。教育应当把人训练成从无知到有知，从有知到有智，再从有智到有德。现行标准化考试的训练只是培养了学生一种形而上学的能力，长期思维方式的固定化，人类将会变成"恐龙"，走向灭亡。所以，学校应该是保存培育学生智能、体能，挽救学生退化的地方，所以一个有智慧的教师不能只盯着自己的课堂教学，不能只盯着眼前仅有的几十个孩子，应当心怀天下，思考教育，将自己修炼成一个真正有教育情怀的人。

生活中常报道"骗子事件"，大家还特别关注高智商被骗事件，其实我们一定要对"骗子"充满敬畏之心，因为"骗子"是有智慧的。所以，我们不仅要培养有知识的孩子，还应当培养有智慧的孩子。在未来的发展中，教育将会成为社会关注的热点，学校也将走向社会的中心地带，教师则会变成社会舞台的主角。所以，我们要学会改变自己，更新观念，从而适应新环境带来的变化。

现在社会上的培训机构办得热火朝天，不亦热乎，是因为他们准确地把控了家长们"不让孩子输在起跑线上"的心思。社会中盲目跟从的现象有很多，但更多人却忽视了这种做法，其实都是违背教育发展规律的。"不让孩子输在起跑线上"这一理念是针对短跑项目的，以"百米冲刺"的策略用于跑"马拉松"，孩子一定输在终点线上，这一现象令人担忧！一个有智慧的教师，他的教育行为是一种生命的状态，是一次次生命的互动。他能够以本领传授本领，以生活示范生活，以生气唤醒生气，以激情感动激情，以创新激发创新，以理想鼓舞理想，以生命点燃生命，以幸福传递幸福。毛泽东之所以成为一代伟人，就与他老师的培养和引导密不可分。在毛主席的一生中，先后有文正莹、毛宇居、李漱清、毛麓钟、杨昌济、徐特立、袁仲谦七位老师对他的一生影响很大。所以，我们这个时代，需要伟大的教师，也只有伟大的教师才能培养出伟大的人物。教师是渴望生命有价值、有意义的人，所以他智慧的积淀来自于不断地学习、进修及提升自我。一个有智慧的教师除了传授知识，他还懂得规划自己的人生。现在大部分学校都存在管理过度现象，年底考核时我们都成了一个"分数人"，试想，教师的幸福感从何而来？其实教师的幸福就是一种追求自由的生命状态，一个人将自己的条件充分创造之后，才能寻找到智者的幸福。

所以，我们要让自己成为一个知识与智慧并存的教师，成为一名幸运而又幸福的教师！

生活还有诗和远方

"敬业是一种性格!"

"天空飞来五个字,那都不是事!"

"教育在我心中,我就是教育! 教育是需要境界的!"

这是湖北省第二师范学院田恒平教授授课结束后存留在我脑海中的经典语录,可谓大气、睿智、洒脱、自信、幽默。在田教授的语言中,我其实读到的是一种生活态度,语气中传递的是一股正能量。他这样接地气的培训大师,才是我们真正喜欢的,也是我们未来要成为的样子。人生需要懂得放下一些东西,同时也需要不断地为自己打气,因为我们的教育需要阳光,需要关爱。在他言语中,我似乎还敏睿地感受到了一种哲思:我们要懂得享受生活。我们如果将生活分成三份:三分之一留给工作,三分之一需要留给家人,还有三分之一需要留给自己。或许我们留给自己的时间太少了,三等份不均衡,会让我们的生活紊乱、失衡,各种矛盾也就相继而来。

生活其实就是一种态度,乐观的人总能找到惬意的生活,诗意的人生。这次来华师培训,生活的节奏很紧凑,但我依然有欣赏校园春意的浪漫情怀。绿茵地、黄牡丹、蒲公英、香蕉花、杜鹃红、梧桐树……都能成为镜头中最惬意的写真,因为我热爱生活。

生活不仅剩下培训,还有诗和远方!

培训师

在这次来培训之前，在自己的专业成长方面，从未想过将自己的角色转变为培训师。培训师，一个熟悉的陌生概念，有时感觉离我们很远，但其实它存在于我们的生活中。

教师的每一次身份转变，其实就是一次学习和提升的过程。体验加上反思就等于成功，我们将书本上的理论用语言的形式展现出来，实践中的体验用案例的形式表达出来，或形成一个模板，或形成一个主题，或拟定一个方向，这都是一个初级培训师的基本素养。在吴伦敦教授的课堂中，我懂得了一个初级培训师必须具备的"三个三"，入场三秒钟的第一印象，精彩的三分钟即兴演讲，把控三个小时的专题讲授。"三个三"，简单中掩藏着几分睿智，言语中折射出几分艺术。我相信所有优秀的培训师都是历经多次的磨炼才变得行云流水，充满智慧的。

我还明白了一个优秀的培训师在表达技巧上要做到"四少四多"：少一点如雷贯耳，面目可憎，多一点优美动听，和颜悦色；少一点平淡无奇，平铺直叙，多一点荡气回肠，激情洋溢；少一点语言慌张，啰嗦烦琐，多一点娓娓道来，语言精练；少一点南腔北调的方言，多一点标准规范的普通话。简单的"四少四多"，凝聚了吴伦敦教授多年来的经验和感悟。专家们毫不吝啬地将自己的"财富"赠予我们，我们应懂得珍惜！吴教授悉心教育我们经验加上反思才能成为一名优秀教师，无论是为人师还是做培训，都要懂得体验与思考。他从方案设计、培训内容、培训模式、培训管理、培训评价等方面为我们进行了睿智的点拨和悉心的引导。他提出的由"符号式学习过程"向

"经验式学习过程"转型，值得我们每一个一线教师深思。我对吴教授提出的培训中的"模式"这个概念特别感兴趣，让我们明白了问题探究模式能加强自主探究意识，参与式培训则重视学员的参与意识，引导学员在交流中释疑解惑，案例式教学模式却启迪并丰富教育智慧。总之，一个优秀的培训师要懂得关爱、尊重、平等对待学员，做到"以人为本"。

同时，在培训中我们还需要从自信、激情、顽强、挫折耐受力、应变能力等方面提升我们的心理素质，从而成为一名微笑、睿智、亲切的培训师。

孩子，我想温暖你的下一程

　　我曾诗意地对自己说，"一定要成为一个有温度的老师"，而在听了湖北省武汉市教育科学研究院王一凡教授的讲座后，我的内心亦不再平静，因为我要将温度升级，寻找教育生命中的那份温暖情结。王教授给我们讲述十年前一个强忍失去父亲痛苦，但坚定、从容的女孩故事，深深地感染了所有的人。而这个故事却直戳我的心灵，我不希望这样悲情的故事被专家们作为励志的环节，孩子的那份隐忍，那份艰难成长，应悄悄放在我们心灵深处，懂得尊重守护孩子的成长秘密，才是一个老师基本的素养。我没有不赞同王教授的意思，只是希望孩子健康的成长，能温暖心灵足矣。我之所以冲动，之所以不平静，是因为我"不幸"也有了这样的一个故事。

　　就在来华师学习之际，在我现在的班级中，一位十二岁的女孩也失去了父亲。至今我都无法忘记我来培训之前同她短暂谈话的眼神：红肿，湿润，茫然，无助……现实生活中的孩子，并没有我们笔下故事表现得那么坚强，也不是每一个孩子都会或者都可以成为励志故事的主角。作为一个成年人，相信我们都无法承受失去父亲的痛苦，短时间也无法释怀对父亲的思念，更何况一个刚刚起飞的孩子？作为一名师者，我更不知道这样忽然的"失去"，让一个十二岁的孩子如何去接受和面对。我不是教育专家，也没有这方面的教育经验，但是我懂得用自己的方式去温暖孩子的下一程。自这件事发生后，我一直没有时间陪在这个孩子的身边，帮她度过人生中最艰难的时刻。心中总有一份无形的牵挂，只想好好地陪在孩子的身边。当王教授讲述专属他的故事时，我却一直在思考这个孩子的昨天、今天甚至明天。瞬间，我懂得了分别那天早晨的谈话其实是多余的，我很后悔没及时拥抱她一下，或许动作比言语更给力！没人知道，那个阳光灿烂的早晨，那个熟悉的走廊上，我没那个孩子坚强，因为我在谈话之后——哭了。即使我面朝太阳，但也无法掩藏内心的担心与不安。

孩子，我只想对你说：我想温暖你的下一程！

嫡亲教师

第一次听说嫡亲这个说法，挺有创意的，我喜欢！我找"百度"帮忙，明白了嫡亲是专指家族中血统关系最接近的兄弟姐妹。至于"嫡亲教师"这一说法，是我这次来华师收获的新名词，这是师生关系的一种升温吧，也是孩子们对教师的昵称。前些年就流行"老班"的称呼，在我听来，以"老"字开头的，如地方特色"阿"的称呼，我又到 360 网站去溜达了一下，对"老班"一词有了深入的了解，"老班"时下多为学生私下对班主任老师的昵称，属地方方言，儿化音。呵呵，新词层出不穷，只要是亲昵的，多多益善。有了这些亲昵的称号，真好！在不久的日子里，或许会新生出更多的"嫡亲同学"，"嫡亲朋友"等称呼。

因为爱所以爱，因为嫡亲所以更亲！

教师是孩子生命中的重要他人

武汉市教育学院的靳岳滨教授为了我们带来了教育的心理"硬币"理念，让我们耳目一新。她提出了教师是孩子生命中的重要他人，我们在教育孩子时，或者与孩子们沟通时，要学会掌握一些特殊的技能，无须我们上升到理论的高度，只需用一些"教育的硬币"来解决问题，这样反而能收到意想不到的效果。

她在论述《师生的沟通技巧》中认为教师与孩子的交流70％取决于师生关系的融洽度，30％取决于教书技巧。正所谓：亲其师才能信其道。教师和孩子的关系就是"谈恋爱"的关系，我们和孩子们应当要保持着这种神秘、亲密、甜蜜的关系，因为那种关系非常的微妙！

传说中的高人是本身有智慧的人，因为他能激活孩子们的智慧；同时他又是能用心灵启迪心灵的人，因为老师本身丰厚的人文底蕴和人格魅力足以征服孩子们。教师不可以对学生冷漠，这比打、骂他更难受；也不要随意放弃任何一个孩子，因为一个被老师放弃的孩子是最可怜的。因为对孩子最大的打击来源于冷漠，对孩子最大的折磨来源于放弃。教师像外科医生，绝对不可以随意下刀，因为伤口可能永远存在。作为一名教师，如果无法洞察学生的心理状态，所做的每一件事，或者每说的一句话都有可能给学生造成负面的情绪体验甚至是终身的阴影，不得不慎。其实，孩子的成长是一个试错的过程，教师需要做的是从容和等待。同时，内疚和自责也是一个孩子道德成长的最好方式。

教师是孩子生命中的重要他人！

思想突变

请给我勇气，让我去改变那些我能够改变的一切；请给我心情，让我去接受那些无法改变的一切。变化是不可改变的，只要我们去做，总会有所改变。别总是把任何教育的失败或失效都归结到教育制度那里，总有些事情，值得我们去改变。

聆听了武汉市武昌区教育局教研培训中心教研室胡国新有关《特级教师的成长谈起》的报告后，我深刻认识到教育家的成长是没有终点的旅程。爱默生说过，有史以来没有任何一项伟大的事业不是因为热忱而成功的。教书匠如何成为一个研究者，在于一种思维的转变。一个教师写一辈子教案不可能成为名师，但如果一个教师坚持写三年教学反思就有可能成为名师。正如德国哲学家叔本华所说，记录在纸上的思想就如同某人留在沙上的脚印，我们也许能看到他走过的路径，但若想知道他在路上看见了什么东西，就必须用我们自己的眼睛。

或许，在我的人生字典中，从未有过"特级教师"这个词语，因为它可望而不可即。但参加精英班的培训之后，我又找寻到了一群可以一起继续飞翔的人，一群有着相同教育情怀的人，一群以教育为事业的伙伴。一群有着相同目标的人走在一起，那其实是一种快乐！在未来的教学道路上，我似乎又看清了一点自己的成长轨迹，必须在最短的时间里形成自己独特的教学艺术风格。此时，我悄悄地在自己的心中确定了一个新的奋斗目标——向特级教师进发。我将不断突破自己，追求有效课堂教学，将教学活动呈现出个性的风格色彩，在教学艺术上形成稳定的个性特征。

心不再迷惘，脚步也不再徘徊，向着太阳的方向奔跑吧！

我当了一回余映潮的学生

只有在高端的培训中，我们才可以零距离与大师交流。这是我见过最大手笔的"同课异构"，精英班"PK"课改提升班"PK"余映潮老师。我没有成为那个勇敢的执教者，却幸运地当了一回余映潮的学生。

大师风采，无人可敌！同课异构，谁与争锋？

这是一场专家与专业的现场 PK，这是一场精英与雏鸟的同台竞技；这是一场赤裸裸的血雨拼杀，这是一场亮晶晶的珠玑点评。

两次身份的转换，两种不同的心情，两次挑战自我的举手，两次思维的碰撞。这一切是如此的真实，这一切是如此的给力，这一切是如此的惊心动魄，这一切是如此的激情万丈！没有哪一天像今天这样的真实，没有哪一天像今天这样的亢奋！我在精英班同学杨青的课堂里万分揪心，那是缘于心中的一份团队精神；我在余映潮教授的课堂里沉醉其中，那是缘于享受着一份真正语文味的课堂。

记住今天，我当了一回我心中仰慕已久的余大师的学生，每次学习都能学有所获，幸福来得太突然了！我会倍加珍惜现在所拥有的一切。从此，我不再迷茫，内心又有了一个很大的想法，我要向大师学习，做一个治学勤奋的人，做一个思考深刻的人，做一个追求高度的人，这就是我未来十年对自己定下的目标。

余映潮教授告诉我们，名师都是在艰苦的环境中或自设的艰苦环境中成长起来的，韧性就是激情，精华只能在严谨中收获。作为一名教师，我们首先练就的就是站稳讲台的本领，身动心未动，一辈子都是照本宣科，那就是

"庸师"！无论遇到多大困难，我们都要在心里鼓励自己咬牙坚持，一个人只有脱胎换骨的磨炼，才会有提升。每一个老师都应当同自己同课异构，这样才能最快提升。在教学中，我们要有方法得体的意识，还需要有丰富的表情，随课文内容进行面容微调，一副腔调上所有的内容是不对的。在对待学生上，有一种尊重叫势均力敌，有一种爱护叫春风化雨。我们在积极引导学生积累古诗文中的四字短语中，会感悟到"不著一字，尽得风流"的境界！

参加培训后，常常反思：自己的一技之长在哪里？优秀教师的第一奋斗目标应该是成为优秀的课堂教育专家，理性的自我训练才能让自己一直向前走。

优秀的教师绝不是喊出来的，而是默默追求出来的！

贵在方法的引领　诚在真实地做人

学习，再学习，终身学习；反思，再反思，不断反思。

方法比盲干重要，睿智的人总能在不断反思的过程中寻找到别样的一番天地。这又是聆听吴伦敦教授讲座最大的收获与感触。来华师学习，我总觉得倍感幸福和充实，每天都会有专家们用心良苦、精彩绝伦的演讲，让我们每个人都有一种莫名的冲动！我们之所以幸运，是因为巨人借给了我们肩膀；我们之所以离成功很近，是因为我们能够得到专家们毕生的"绝学"。

吴伦敦教授授课的内容是《教育科研论文的撰写技巧》，居然可以轻松地引领我们三个小时保持聚精会神的状态。他首先用做菜为例，让我们被他独特、有效的选题视角深深吸引。在他的讲座中，我懂得了：任何一次选题都决定了论文最终的成败；对相同的问题，多角度思考才能找到最好的切入口；我们要广泛查阅文献资料，积累是写作的关键；学会从别人的问题中发现突破口，形成新的立意。

在这高大上的培训中，永远都要信奉一句老话："师傅领进门，修行在个人。"精英班五十个小伙伴来自湖南省各个县市，每个人成长的环境和悟性都有所不同，三年后，乃至在未来的教育道路上能行多远，谁都无法定性和定论，但有一点可以肯定——大家永远都会是一群有教育情怀的优秀老师。

我们还清晰地记得华中师范大学文学院戴建业教授在培训中给我们带来的欢笑，我们深深地被戴教授所折服。他用优美的诗词，激情澎湃地诠释了陶渊明、李白真性与逍遥的精神追求；他还挖掘诗词中的爱国、恋人的情怀，幽默风趣地阐述了杜甫对国事、家事的深切关怀和仁爱。

我一直觉得精英班与陶渊明还是特有缘分的。余映潮教授曾发起、组织了一次以《饮酒》为教学内容的"同堂异构"活动，而现在，我们再次在戴教授的引领下，走进诗歌，剖析诗人，解析渊明思想。在大师的解读中，我们对"自然""悠然""相与""真意"等词有了新认识，有一种茅塞顿开的惊喜，又有一种柳暗花明的喜悦。我特别欣赏他对陶渊明幽默性格的评价，特别钦佩他对"悠然见南山"物我两忘的诠释，特别赞同他对"真"字三个层面的新解。

戴教授内敛而又不失激情的授课风格，让我们对传统文化与人生境界的关系有了深刻的认识，他的课堂给予了我们一种"随风潜入夜，润物细无声"的轻松与愉悦。我们在文学素养上的浅薄，在戴教授的课堂上暴露得"淋漓尽致"，"一切肯定皆否定"就是对我们过去浅于学习的真实写照，自惭形秽啊！我还喜欢戴教授对"修养"一词的诠释——修养就是对自己最真实情怀的掩饰。与此同时，我又在内心深处纠结：在提升自我修养的同时，不又违背了做"真人"的本性吗？值得深思，与大家共勉！

华中师大一附中

——读书的"世外桃源"

还是相同的闹钟，还是相同的早起，我却显得格外兴奋。因为，我们今天要奔赴的学校是全国鼎鼎有名的中学——华中师大一附中。地铁2号线一站的时间，我们就走进了古朴的校园，校园里鸟语花香，干净整洁，令我们肃然起敬！

我们首先拍集体照，然后参加座谈会，参观学校校园后，我们便与老师们结对了。与我结队的是高慧老师，她给我留下的印象是美貌兼智慧的"女神"形象。果然，短暂的四十分钟，她的才华和教育智慧得以体现。我惊叹于课堂中孩子们没一个人使用学习参考书，我惊叹于这么年轻的老师讲课就这么高端，我惊叹他们的课堂教学这么精细化……

让我们震撼的还是他们的集体备课活动，绝非我们平日里的流于形式：有教学设计的分享，有课后反思的交流，其过程是智慧的结晶，其交流是思维的碰撞。我还感受到这里的老师幸福指数非常高，是真正有智慧的教书人。现在很多学校已经演变成畸形的"人造工厂"，过分地追逐功利性，而华中师大一附中的背后却有着一群真正实现教育梦想的人，这让我们惊叹！原来，教学的最高境界是要追寻一种生态的课堂，灵动的课堂。

沐浴在华师一附中的校园里，我们见到了一批真正让孩子读书的引路人，感谢这群真正在教语文的老师，他们的言行令我们肃然起敬。授人以鱼，不如授人以渔。在考试越趋功利化的当今，能用持续发展眼光培养孩子的教育者已经不多了。我们常打着考试的大旗，对孩子们实施题海战术，殊不知孩子的生活里，只剩下做题，答题；写作业，抄答案。

教育令我们痛心的还远远不止这些，甚至孩子们的阅读权利都被我们剥夺了。我们常听到这样的话：又在这看课外书籍，你的作业写完了吗？赶快收起来！孩子们从不敢在老师面前自由、大胆地阅读，甚至忘记了阅读的初衷。如果不是班主任老师教语文，课外书籍出现在班级都是要没收的。瞧瞧我们这群老师，已把孩子们逼成了什么样子？

在这里，我似乎找寻到了读书人的"世外桃源"，我很享受这里孩子们的读书氛围。正是有了这群读书的引领者，校园显得宁静而深远。我想，在未来的日子里，我将追寻他们的脚步，教孩子们多读书，读好书，做一名充满智慧的语文工作者，孩子读书的引路人。

一个有爱的老师，他就能带出一批有爱的学生。一所有爱的学校，就一定是一所好学校。

从文化的角度谈教师的专业发展

有幸聆听了湖南省中小学教师发展中心李再湘主任有关《从文化的角度谈教师专业发展》的讲座，受益匪浅，他的讲座妙趣横生，精彩纷呈。如果你仔细听，讲座中的每一句话都能碰撞出智慧的火花；如果你认真看，讲座中的每一幅书法作品都能让你瞠目结舌。大师就是大师，低调中彰显奢华。

一位大师的讲座，总有那么一句话影响你的一生，而我记下来这么一句：之前你所有的兴趣爱好都能成为你未来最重要的核心素养，不要害怕历练自己。

未来的教师，我们要用战略的眼光构建教师自身素质提升的立交桥，构建格局宏大的梦想。李主任的工作理念是合理用时，科学用脑，文理兼顾，不断进取，全面成才；学习理念是读万卷书，行万里路，阅人无数，名师点悟。

未来的教师，要更新理念，提升自己的综合核心素养。教师的成就观就是认识自我，准确定位，规划人生。职业与事业的区别是把教书当作职业来做还是将其作为谋生的手段来行，如果将其定位于自己的事业，则会将其定位于自己努力的奉献目标。

未来的教师需要研究观，研究型教师应当成为教师专业成长的目标。我们要培养自身综合素质，有眼光、有思想、有智慧、有持续的敬业精神、有情有义。只有敏锐的思维和远见卓识，才能读好书，交高人，见世面。我们对任何问题要都能透过现象看到问题的本质，学会挑战，迎来机遇，以人格魅力感染人，引导人，影响人。

【课堂语录】

1. 我们要珍惜我们的课堂，因为课堂中处处有惊奇！

2. 我们的方向是一专多能的发展方向。

3. 听课，我们要抓住关键点，也要抓住闪光点。

4. 一切创造性缘于行动中！

5. 一定不要小觑身边没鞋穿的人，他们的未来不可估量！

6. 教师的直接产品就是学生。

7. 高素质的教育才是真正的核心素养教育。

8. 精英培养呈几何基数成长，就会有辐射作用。

9. 到底教学内容重要还是教学方法重要？到底是理念重要还是努力重要？

10. 盲目的努力是没有作用的，流程、程序很重要，这就是科学精神，理性思维。

11. 背驼是乾坤，当头跳龙门。

12. 长相＋才华＝如虎添翼。

13. 母校的文化基因对学生的影响很重要。

14. 女排取得奥运冠军，那是缘于"敢斗"精神。

15. 对外凭"三寸不烂之舌"，对内要有内涵、修养。

16. "命"字的内涵：要管好自己的口，管好自己的嘴，还要学会倾向的习惯，耳朵要成为一个辨别器。

17. 教师时刻保持年轻的心态很重要。

18. 我们应当探究语文汉字中的"元素"组成。

19. 字多了，意思却大大减少了。

20. 有"心忧天下"的情怀，却缺乏缜密的思维。

21. 处世比能力更重要。

22. 格局要大，用最短的时间讲清自己的观点即可。

23. 只知道读书的人只适合搞研究，而过去唱歌、跳舞、打球等行为变成了今天的核心素养，从而迎来了自己人生的春天。

24. 想改行是缘于自己不得志。

25. 我们要有"不到黄河心不死，到了黄河不死心"的勇气，只要有万分之一的希望就不要放弃！

26. 这边根扎不进去，就从那边扎进去，我选择了走科研的道路。

27. 为之而努力，还需不懈努力。

28. 格局要很大，伸手可抓到的不叫目标。

29. 上帝很公平，给了人不同的生命长度，却给了每个人每天相同的时间，合理用时很重要。

30. 我不是占据了工作的时间，而是牺牲了自己的休息来完成自己的兴趣爱好，这就是一种理念。

31. 要不拘形式的读书，要有选择性的读书。

32. 行万里路的五句话：听过不如看过，看过不如自己亲自做过，自己亲自做过不如错过，错过不如改过，改过不如创造过。

33. 在赚自己人生第一桶金的时候，我已经阅人无数。

34. 教师如果只是在学校里转，他是不能成功的。因为他要接触不同的思想理念，他才能有不同的思维方式。

35. 我们要争取不同的平台来宣传自己，称"自媒体时代"。

36. 我们要经常与名师、高人交流，不能简单地重复和拷贝。高人是用来点拨自己的，而自己却需要用心去领悟，因为时代不同，我们要在名师的点拨下去悟，去思变。

37. 自主学习是一种浪费优质资源的行为，你放着奔驰车不开，而选择自己走路，这就是一种落后，这就是一种低效。

38. 有了诗的语言，有了诗的情景，便有了诗一般的教学问题。

39. 让知识刻在记忆的硬盘上，想忘也忘不掉。

40. 鱼尾巴的构造是生活中的问题回归生活的运用。

41. 一个人聪明还不行，还得去努力，提升自己动力系统。

42. 你的能量很大，也需要知道方向在哪，反之，则会南辕北辙。

43. 艺术需要留白，教育也需要留白。凡是下课铃还在拖堂的教师一定要下岗。

44. 一定要让学生喜欢你，教师要成为学生心目中的偶像。学生说长大后就成了你，你就成功了。

45. 写诗、写字要入格，做人也应当入格。

46. 写字的人要有坚强的毅力，要有聚精会神的态度，要有入格的安排。

47. 人生最高的境界是道。

48. 书法中的字都韵律优美，渗透着运动的气质。

49. 艺术的重复等于零，教育的重复不等于零，而是负数。

50. 教师之爱就是一种博爱，生生世世深爱着你。

51. 把自己的儿子当学生来教，这需要智慧；把自己的学生当儿子来教，这更需要爱心。

52. 学习要形成树形图，要有自己的构思。

53. 名家不是评出来的，而是通过文字的辐射，语言的传播，所以名家是需要做研究的。

54. 名家也不一定进课堂，但研究课例很重要。听课笔记需要留白，任何一个案例都要留白。

55. 大师的话是最前沿的。

56. 数学老师不是秃头就是白头，否则你就不是优秀的数学老师。

57. 在这个班级，不在乎你学到了什么东西，而是把你的脑袋洗空了。

58. 读好书，结高人（活的好书），见世面（亲身去感受）。

59. 耕了别人的"地"，荒了自己的"田"。

60. 教学有法，教无定法，贵在得法。

61. 要让我们的校长带上我们的老师走上教研之路，因为搞研究是幸福的。

62. 做研究的人是透过问题看到事情的本质，我们要做有思想的老师，从而变成有智慧的老师。

感悟信息魅力　成就智慧教育

我们有幸聆听了华东师大开放教育学院院长暨教育信息化系统工程研究中心主任祝智庭教授的讲座，接受了很多有关信息技术的新潮词语和流行课堂模式，受益匪浅，收获颇多。

今日主要内容：选用适当技术，解决实际问题；提升教学能力，改变角色定位；革新教育观念，创新教学方略。第一次深刻领悟到信息技术对我们教学产生的影响，第一次意识到信息教育对教师职业本身的冲击，第一次清晰感受到大数据的时代已融入我们的工作和生活。

祝教授对翻转课堂和慕课概念诠释得特别精准，对知识传授和知识内化的时间主阵地进行了互换，让我们明白了要进行信息化学习，教学必须要突破时空的限制，突破思维的限制，改变教师的思维……从可汗学校推行翻转课堂以来，在我们中国也发展得特别快。如被评为"中国式可汗学校"的重庆聚奎中学，再如山东省潍坊昌乐一中的翻转课堂，都让我们培训的老师眼前一亮。教师将从单纯的知识传授变为导学者，助学者，促学者，评学者，回归到学生最需要的本原角色，从而增加课堂互动，改变课堂管理，从而有更多的时间指导学生练习和实践。

信息化教师的行为特征已新鲜出炉，我们要善用技术，善用资源，善用设问，善用教法，善用评价，善于沟通。曾在 1997 年，钱学森就提出了大成智慧教育，我们要让信息化助力，打开智慧教育之门。于是，我们又试问：我们有过"愚笨教育"吗？电子课本，电子书包已作为教育技术革命的千年机遇，在未来的日子里，或许会出现"没钱人读电子书，有钱人才能读纸质书"的反常现象，我们也会赶上"除了上帝，任何人都必须用数据来说话"的大数据时代。

信息技术已开始进军我们的教育领域，信息技术将有力促进教学变革与创新，让我们提升自我能力，迎接智慧教育的到来。

从矿石和炼钢的关系看教育

湖北省教育学院的叶显发教授是一个其貌不扬的教授，也是一个手舞足蹈的"疯狂者"，更是一个口若悬河的自我陶醉者，他用他独特的授课方式彻底征服了我们，令我们回味无穷。

他在今天的课堂中让我们彻底明白了学生与教育的关系就是矿石和炼钢的关系，由上海科技大学今年招生的"新政"引入，让我们明白了未来高校招生多元化的方向。一个只招 200 名学生的数字，在全球范围内招聘老师，重金引进了三个诺贝尔奖的顶尖人才，这些举动相比我们现行的中国教育，让我们明白了教育的意义实际上在各就各位中就消失了。

他为我们推荐了北京十一中学《我们的一天》的视频片段，视频中自由的办学理念深深震惊了我们，让我们惊叹的画面和元素特别多。4000 多名高中生的课表是不一致的，每个人的课表都是由孩子们根据自己个性化的需求决定的，最终让每一个学生活出生命的精彩！

在对比自己与孩子的代沟时，他指出了"工业化社会"和"信息化社会"生活方式上的差别。我们的很多观念都是与"现代学生"有冲突的，是一个"美丽的错误"。我们对孩子的培养应当由"家猫"向"夜猫"过渡，只有让学生自由地成长，才能培养他们的生存能力和适应能力。

我们的思想经常是脱轨的，我们对生活要学会反思，对熟悉的东西再次陌生化才是真正意义上的反思！一般的教师教学生学习知识，最好的教师教学生发现知识。教学的最高境界就是让学生先疯掉，这样才能让学生入情入境地学习。

我们常说聪明人不能成功，傻瓜才能成功，因为聪明者容易临阵脱逃，而李阳疯狂英语的成功秘诀却是脱羞入秀。只要你有一份自信，你就能出彩！

他亲切地告诫我们：一个年轻教师的成长是需要在交流中感悟，在实践中反思的。或许有些教授的讲课过眼云烟，或许有些教授的课题标新立异，或许有些教授的角度独树一帜。曾记得有一位专家点拨我们：如果此次国培给你带来的是一场暴风雨，你能由此接到一小杯水，相信你也不虚此行，充实并快乐着！

基于培养学生可持续学习力的思考

——扬州市文津中学游学感悟

扬州市文津中学，坐落在风光旖旎的古运河畔，其前身是"扬州市第三中学"，始建于 1959 年，校园占地面积约 50 亩。学校以发展为主题，确立了"以发展的目标发展教师，以教师的发展发展学校"的指导思想，弘扬四十多年形成的办学传统和"团结务实、自强不息"的校风，勤奋好学，求真创新，把"为了学生的发展而发展自己"作为教职员工的职业追求。学校每学期组织学生开展综合素质评比活动，引导学生在自我认知、自我辨析和自我评价中进行自我塑造，有力地推进了培养学生可持续学习力发展的构想。

一、多媒体和网络化教学平台为载体，解决教育教学实际问题。

今日从沈玉丹老师授课的《囚绿记》开始走进文津中学，高大上的现场直播模式，让我们心生羡慕。原来教育的差距不仅来自于教育环境和师者技能的差距，还来自于教育资源的差距。我们学校"小米加步枪"的模式不知还能在未来的教育环境中前行多久，心中多了一份思考，多了一份忧虑！改革是为教学服务的，我们要懂得让传统教学与信息技术教学相结合。文津中学的教育科研工作以新建成的多媒体和网络化教学平台为载体，以网络化和信息化环境下教学过程的优化和教学质量的大面积提高为目标，凭借扬州大学、扬州教育学院专家教授的技术指导优势，努力探索"导学稿"教学模式，配上多媒体和网络教学手段的整合效应，走出了一条适合学校实情发展，能切实解决教育教学实际问题、难题，满足社会、家长对优质教育资源需求的教科研发展之路。

对于他们的教研工作，我认为他们是在做"真阅读"的工作，他们好的做法有早读朗诵成语，对优美的文章进行赏读，安排专门的阅读课对学生们进行经典阅读指导，让图书进班级，学生可自由借阅书籍，这样给力的做法给学生创设了宽松的阅读环境，有效地培养了学生的阅读兴趣。

二、课堂教学改革，小组合作学习让学习真正发生在学生身上。

文津中学王军文校长为我们做了题为《让学习真正发生在学生身上》的讲座，让我对小组合作学习有了新的顿悟。文津中学的校长是一位有思想、有理念、有魄力的校长，他用十二年的时间，寻找到了一条适合本校校情，适合学情的课堂模式，让教学的真正魅力体现在培养学生可持续发展的学习能力上。他坚决反对"满堂灌"和"个个讲"的课堂，让我们感受到了把课堂教学的核心落实到"学习是否真正发生在学生身上"。文津中学的课桌里没有教辅资料，正如他们校长所说："我们不排斥别人，但我们坚持自我；没有教辅书的讨论才是真实的讨论，真实的讨论才是有效的学习。""人人讲"下的小组合作教学，既边缘化了教师的主导作用，也掩盖了学生个性化的学习。真正的学习不可能完全由教师的"教"发生，也不可能完全由学生的"合作"发生。

我特别欣赏他列举的例子，他认为《非诚勿扰》就是一堂高效的示范课。男嘉宾就是课堂中的展示者，女嘉宾、主持人就是课堂中的评价者。同时他也认为教师与学生是"导游"与"游客"的关系，在旅行中的定位就是自己在课堂中的身份取向。课堂教学需高度重视导学的环节，导学是实现"学习真正发生在学生身上"的有效途径，它的核心理念是尊重主体，面向全体，全过程都引导学生更好地学。在文津中学，课改发展的两个有效经验：一是持续有效的集体备课；二是寻找优质的常规课。所以，影响学习的唯一的最重要因素，就是学生已经知道了什么，要探明这一点，并应据此进行教学。在文津中学，还强制地推行分层教学，他们认为分层是一个方向，孩子间的差异是客观存在的，由目标分层到作业分层再到评价分层，最终到达考试分层。中央电视台"新闻直播间"都特别关注过文津中学的分层教学的探索，我认为这既是一种尝试，也是一种挑战！文津中学的淘汰制竞争更是刺激了教师的发展，推进了学校的课改。

三、以养成教育为抓手，以规范管理为基础，建立"三结合"德育教育机制。

　　学校德育工作从学生实际出发，制定了以爱国主义教育为主线的层次分明、内容完整、针对性强的德育整体规划。坚持以养成教育为抓手，以规范管理为基础，深入持久地开展创"文明班集体""文明学生"和"文明校园"的活动，每学期组织学生开展综合素质评比活动，引导学生在自我认知、自我辨析和自我评价中进行自我塑造。学校通过建立、健全学校、家庭、社区三结合的德育教育机制，加强班主任队伍的教育、培训和管理，充分发挥家长、学校、家庭教育委员会、家长会和《家校联系簿》的纽带作用，努力探索实施主体性德育的途径和方法。

　　我们不禁感叹：扬州市政府对教育的投入力度，学校校长对学校的精致化管理，信息技术与学科教学的深度融合，集体备课的高效与实效性，教师内在的积极驱动力，班主任管理的条理化，学生自主管理的常态化。

　　扬州市文津中学培养学生可持续的学习力的理念，值得我们学习和深思！

文化让人暖心

——扬州市翠岗中学游学感悟

从未觉得文化可以让人暖心，但今日在扬州市的翠岗中学，我们寻找到了冬日里的一片暖心。从未觉得文化可以在校园里这么细致化地诠释，一草一木，一砖一墙，校园的每一个角落都有翠岗人用心的文化气息，学校设计的每一个活动都彰显了翠岗人的用心。

这里没有校史馆，这里却有教师博物馆。老师需要的归宿感、幸福感、成就感在扬州翠岗中学都可以找到，各个细节令我们震撼！从校长到行政团队到老师到门卫大叔到食堂阿姨，带给大家太多的温暖与感动！

扬州翠岗中学，处处是风景，处处有文化！

翠岗中学，一个年轻而有活力的学校，一个园林式的学校，一个有着浓郁的人文气息的学校，校园中每一栋楼，每一面墙，每一块石头，每一棵树都会说话，学校的所有设施都为育人而准备。

翠岗中学的校园文化堪称精致，绝对精细，对人的培养绝不亚于对景的雕刻。人文情怀，精致管理，教育敬畏与责任担当，一墙一景皆说话，一人一物均育人，徜徉其间，男儿自然优雅，女子自是温婉。好一方教育沃土！

我们非常清晰地知道，校风、教风、学风是学校全体成员的精神面貌，思想作风，工作作风的外在表现，也体现了学校的历史积淀，办学水平是学校创品牌、树信誉、求发展的重要基础和宝贵财富。在近五年的积淀中，学校确定了校风——求真做人，务实成才；教风——博爱博学，精讲精析；学风——勤学善思，创新致美。翠岗中学的校歌《好梦开始的地方》旋律优美，歌词动人。翠岗翠岗，迎着朝霞沐阳光；翠岗翠岗，千株桃李竞芬芳……

今日听了《皇帝的新装》和《迢迢牵牛星》两堂课，更进一步感悟到了经典作品的课外延伸，让我真正明白了"教是为了不教"。我特别欣赏他们语文课堂追寻"一课一得"的教学理念，每课一得，课内得法，才能充分提高学生的阅读能力，真正让阅读与写作融入一起。

翠岗中学推行的"锚点"自主教学模式与我们学校的自主探究模式大同小异，所以授课流程有一种熟悉的感觉。整个课堂的设计，让人眼前一亮，对文本挖掘得比较深，值得我们学习，让我们敬畏！他们落到实处的集体备课氛围与我们流于形式的行为形成了巨大的反差。只有我们自己的内心才真正知道差距，而这种差距是学校的大氛围，学校的办学理念决定的。

离开时，总有一种意犹未尽的感觉。心中总被校名中那凄美的爱情故事所感动，我相信所有的翠岗人，将充分发挥翠竹的精神，春风化雨地教书，大浪淘沙地育人。教师博物馆、阅览室、班级文化都足以感动我们每一个人。校园里栽满了各种果树，当我听到每一个孩子都能分享到"三粒枇杷"的故事时，我似乎闻到了校园里的苹果味，樱桃味，梨味……苍翠之中，蜿蜒的石板路让校园有了"曲径通幽处"的神秘；静谧之余，浓密的校史林中我们寻觅到了"山关悦鸟性"的惬意。

离开翠岗中学时，耳际边总回荡起陪我们一天的蒋校长说的一句话："全国各地都有百福图，而我们学校博物馆却有百师图。展示每一位老师对'师'字的书写，也就彰显了每一位老师对'师'字的领悟。"

我不禁感叹："文化可以暖心！"

这里的校园静悄悄的

——扬州市梅岭中学游学感悟

梅岭中学的静，给我的心灵带来了巨大的冲击，行走于他们的校园，我有了一种想揭开他们神秘面纱的冲动。走进校园，迎面可以看到一条醒目的标语："争做学生喜欢的老师，构建学生喜欢的课堂。"这样的理念，足以让我们感动和深思。

我们抵达这所学校时约八点左右，偌大的校园四处静悄悄的，看不见学生打扫时的嬉戏，看不见教师匆忙的身影，二千多师生的校园，此时不见教与学的踪迹。这里的"静文化"让我们感受到了学校优质的养成教育，每一所学校都有自己的特色，每一所学校都有推动学校发展的内驱力，我相信每所学校都有让自己生存的立足点。

走进语文课堂，我深深地被上课老师的语文素养所感染，一篇《明天不封阳台》的文章，居然让孩子们声泪俱下，她是一位真性情的老师。在她的言谈中，我解读到了语文教学中如何抓阅读和写作教学的方法。语文教学就是一个长期累积的过程，提升学生语文素养必须从平时的点滴训练抓起，从模仿到创作，从摘抄名著到微作文训练，从周周考到天天清，都给予了我巨大的灵感和冲击。我似乎寻找到了一个方向，从此不再茫然。

扬州梅岭中学静净雅的文化润物无声，根植内心。校园环境、课堂教学、师生言行无不给人舒适之感，也许，学校文化的内涵更多的应该是一种氛围、一种影响、一种传递！

用生涯来教育　为生涯而教育

——扬州市教育学院附中游学感悟

刚进校园，就被一条醒目的标语"课堂承载未来，行为改变教育"所吸引，楼梯间处处宣扬的是"展示获得自信，合作换来共赢"，"预习是展示之本，展示是学习之魂"，"习惯改变命运，细节成就完美"，"学会倾听，学会表达，学会分享"，"敢于表达，善于表达，乐于表达"等一系列课堂改革的标语，我似乎有一些激动，也有一些振奋。终于可以看到课改的课堂了，课改注重展示，培养孩子的自主和自信能力。

我不禁加快了脚步，来到了充满文化气息的图书馆等待。纪念扬州市二千五百周年"家乡美"手绘纪念封活动设计大赛的学生作品，让我们眼前一亮，纪念封中传承了扬州深厚的文化，折射了扬州少年眼中的城市园林美。工笔画下的东关街充满了古典美，中国画里的瘦西湖充满了恬淡美，水粉画中的庭院充满了色彩美。从孩子们手绘纪念封的设计中，我深刻感受到了家乡美已印在了每个孩子的心中，深厚文化底蕴带给孩子的影响，春风化雨，润物无声。我喜欢这样独具创意的活动，让家乡的文化传承落到了实处。

学校校长应爱民为我们作了《引进生涯教育理念，丰富学校育人实践》的专题讲座。生涯教育的理念，我是第一次接触，短短一个小时，也有了粗浅的认识。他始终认为生涯教育的核心是安身，立命，一种生存，生命，生活的教育。所有的教育都是生涯教育，要充分利用职业讲座、职业访谈、走进职场、职业体验等方式对学生进行生涯教育。用生涯来教育，为生涯而教育，充分利用第三方的力量，用别人的生涯来教育。

在应校长身上，我理解了转变教学方式就是给学生减负的观念，对小组建设也有了新的理解和认识。我很欣赏他提出的"一个真正的学习小组就是一个微型社会"的说法，因为小组活动就是按社会运转的真实规则展开的。现行社会下的课堂教学改革应让学生在当下的学习更加快乐：从"完成任务"走向"自我实现"，劲头更足了；从"有意注意"走向"无意注意"，负担更轻了；从"教师讲解"走向"同伴讨论"，听得更懂了；从"继时互动"走向"同时互动"，效率更高了；从"各自为战"走向"团队合作"，帮助更多了。

培养学生自主学习，自主管理的理念是我来扬州感受最深的一点。学校有优越的硬件设施，孩子们有浓厚的学习氛围，发自内心的钦佩于师者在教学过程中享有了应有的尊重，在这里教书，才有师者的感觉！

我不禁感悟：一个好校长就有一所好学校，一个好老师就有一群好学生，国之福也！

我的第一次专题讲座

三年前，我是一只丑陋的"毛毛虫"；三年中，我如饥似渴、潜心学习；而今日，我勇敢地走上了讲座台，希望遇到最好的自己。

还记得在这个班级的第一次小组发言，四十多双期待的目光聚焦于你，在这些优秀的目光中，我读到了自己内心的胆怯和学业上的差距；在这些质疑的眼神中，我读到了自己眼界的狭隘和视野的局限。在这个优秀的团队中，我没有选择退缩和低沉，而是选择了勇往直前，低调前行。我总是很努力地学习，因为我知道自己与别人的差距还很远。我的努力意外地得到了同学们的肯定，这给予了我前进的一份信心。就是那一次小的展示，开启了我的学习之旅。

在三年精英班的毕业典礼中，我将要完成我的第一次专题报告，内心有忐忑，有紧张，居然也有了一份对自己涅槃的期待。这份期待的感觉，应当就是我三年来最大的收获，心灵的成长才是高贵的成长。"高贵"一词是我瞬间想到的，我把今天的挑战看成了丑小鸭变成白天鹅的涅槃过程。万事开头难，这一点我深有感触。

三年的求学过程，作业的难度对于我来说是循序渐进的，我一直都在爬山。你无法想象一只毛毛虫翻山越岭的艰难，仰望星空时，依然是找不到北的迷茫。值得庆幸的是，我还能敏锐地发现足印，我坚定地追随着足印前行，永远不会错。慢点，迟点没关系，重要的是你还在前行！

台下的同学们还沉浸在前一个同学的睿智演讲中，我就胆怯上台了。刚上台的我头脑空白，不知所措。我还是套用了"快乐大本营"的主持词来打破紧张的氛围，幽默引题。这一招果然见效，台下几个同学的哄堂大笑，无疑给予了我信心。气氛就在笑声中缓和了许多，我也渐入状态。我选的题目是《现代管理学中的效应法则在班级管理中的运用》，主题涉及心理学、教育学、管理学等方面的内容。对于第一次讲座的我来说，能顺着原稿讲完已经是很不错了，既没有拓展的勇气，也没有延伸的信心。虽然有学生帮我制作的精美PPT，有感人肺腑的学生案例，但我依然找不到信心的平衡点。从无到有，从胆怯到最后的站上去，班主任张继波老师说我们是一次涅槃的过程。几分钟后，我在迷茫中又逐渐找回了状态，是那一个个感动他人，也足以感动自己的育人故事，经典的案例，完美地佐证了那些生疏的效应理念。没想到紧张之余我还能"超时间"发挥，走下台后，我开始忐忑不安地等待着专家的点评。为我点评的是亲切温和的谭邦和教授，他对我的肯定犹如黑夜中的一盏明灯，让我重拾自信心，激动万分。

对于一个刚迈出脚的孩子来说，成在专家，败也在专家。我们就如专家的孩子们，成长的过程中是沐浴阳光，还是遭遇狂风非常关键。我很庆幸，自己在成长、蜕变的过程中一直面朝阳光，我不敢说自己未来还能走多远，但我知道谭教授是我成长中的贵人，因为他照亮了我前行的道路，让我有勇气悄然前行。所以，我也会将这份恩情回报我钟爱的教育事业，带着唤醒，鼓励，激励继续前行。

我是真正印证了班主任张继波老师的那句话："这将是你们到华师凤凰涅槃的一次经历！"也许，对别人来说这只是一次普通的培训，但对于我来说，华师的三年，是我人生中非常重要的三年。在专家们的引领下，在同学们的帮助下，在各种培训体验的"折腾"下，我有了"质变"！视野开拓了，格局变大了，信心增强了，思维活跃了，理念清晰了……我们还在相互交往，沟通中建立了深厚的友谊，上演了无数个兄弟、姐妹情深的故事。

在华师学习的最后一天里，我挽着"中国好室友"张莹同学的手，一起到校园里寻找三年的足迹。我们乘坐着校园巴士，凉风拂面，但也难以掩饰内心的伤感。我们在校园的跑道上，大门口，研究院门前再次留下了我们的倩影。这个熟悉的校园，喷泉，草坪，林间小路，昨日的点点滴滴似乎重现于眼前，不舍，不舍啊！拽着室友的手，怀念日照雨淋下永远一把伞的温馨，怀念食堂中永远一碗藕汤的执着，怀念将校园各个角落都能拍成童话女主角的浪漫，怀念能在一起就是旅行的快乐……三年，弹指一挥间，在别人眼里可能是漫长的煎熬，于我而言，却是生命中最宝贵的记忆。我的老师们，我的同学们，心间总有那么多暖心的回忆，心头总有那么多不舍的回忆，可毕业终将来临。

此时，我无法做好毕业的准备。

华中师范大学永远都在我的心里！感恩生命中最美好的遇见！

教育念想

笔尖下灵动的生命

　　我常常仰望天空，无际的天空总有一颗星星是我。我是教师队伍里的一个小兵，虽然微弱，但却与众星一样，守候着自己的梦想和愿望。我热爱教师职业，也热爱班主任工作。我很珍惜每天与孩子待在一起的时间，享受着班主任生活的酸甜苦辣。我每天都激情地生活着，感受着每一个生命的成长，每一个孩子的教育故事都是我的童话故事，与孩子们共同成长，真好！我笔写我心，笔尖下一个个灵动的生命让我倍感温暖，故事里嘀嗒的声音都成为过往最美好的回忆。我与大家分享的不仅是一个个故事，而是希望你们能懂我的快乐，我的幸福。你若懂我，便是晴天。我们每天可以上演重复的生活，也可以每天选择不一样的生活节拍。我是一个幸福的摆渡者，日升而起，日落而归，哼着小曲，沉醉不知归路。因为一直陪伴在孩子们的身边，所以我长成了孩子们想要的样子。我与孩子们的童话故事里，有野炊中嬉闹的身影，有放飞大自然的欢笑，有团队合作的拼杀激情，有班级生日的暖心回忆……我用日记长跑的形式，每天书写着我与孩子们的故事。正是记下了一个个真实的教育故事，才让我所挚爱的教育有了温度。

我有另外一个名字叫班主任

黎明之际，晨光微弱，我们赶往学校；午夜十点，日月星辰，我们开始归家。因为我有另外一个名字叫班主任。

上完课，随时可走，那叫任课老师；上课期间，随时接到任课老师电话必须赶到现场，那叫班主任。

休息期间，随时要知晓学生动态的人，那叫班主任。

活动时，与学生疯在一起，照相固定站在中间的，那个人叫班主任。

逢年过节，收到的短信、贺卡堆满办公桌的，那个人叫班主任。

班级出现问题，处理不当，受孩子背后指指点点最多的，那个人叫班主任。

输球之后，还在"谈笑风生"说段子的，那个人叫班主任。

成功之时，经常叮嘱大家低调的，那个人叫班主任。

分离之时，喝得东倒西歪的，那个人叫班主任。

毕业之后，经常拿着毕业照发呆的，那个人叫班主任。

……

窗口

有人把班主任在窗口窥探的形象定位于"容嬷嬷",不知是"喜"还是"悲"? 反正我不喜欢这样的评价。

我们班级有一个"观察台",每次都能在那个窗口"大有收获"。如果你今天心情好,你就到那去找几个对象出来聊聊天;如果你今天心情不好,你也可到那去找几个对象出来泄泄气;如果你想知道近段时间班级的学习、纪律状况,你依然可以到那儿寻找答案。我每次都能"有所收获",既能发现一些进步的身影,也能发现很多存在的问题。每一个进步的身影都是一个美好的故事,每一次意外的发现都是一次教育的契机,但教育的责任在于唤醒。

还是这个窗口,自开学以来,路程同学的上镜率是最高的,这个镜头里记录了他课堂睡觉、讲小话、打瞌睡、搞恶作剧等剧情,我想:我需要同这个孩子好好沟通一回啦!

在与孩子的交谈中,最怕孩子无心听你唠叨的情景,那也是最无效的交流。作为一名班主任,需要及时地察言观色,用心地与孩子交流。面对这个屡教不改的男生,我似乎有些失去了教育的"耐心"。我采用过晓之以理的办法,尝试过动之以情的方式,但理论总与现实有一些差距,这让我很迷惘。今晚,我与这个孩子再次"横眉冷对",因为孩子犯错在先,所以他对我的说教只能沉默以对。根据我的经验,我知道这样简单的批评,对于这个孩子是无济于事的。于是,我一改过去的简单说教,开始毫不保留地"批斗"这个孩子:"老师之所以看重你,是因为老师觉得你很聪明,觉得能让你凭借聪明实现自己的理想。而现在,老师清楚地知道自己看走眼了,你也别把自己看得太重，因为你自己没有任何值得'骄傲'的资本。如果你一如既往地'自私'下去，那么我也会收回我对你的'期待'，因为我们不会把感情放在一个不懂感情的人身上。你要清楚地明白，你失去老师的信任，家人的照顾，同学的帮助，你将寸步难行。"第一次痛快淋漓地打击一个孩子，无须顾及任何后果，包括打击对象的心理承受力。或许是掩藏在心底的话终于说了出来，心里舒畅了许多。就在这瞬间，我从孩子的眼角发现了一滴眼泪，我不知道那是一滴伤心之泪，还是一滴悔过之泪，又或许是我反常的言语刹那间唤醒了这个孩子。我想，我的教育契机来了，这是一个教育工作者应当具有的敏感和睿智。之后，我改变了恼怒的语气，语气变得温和起来。我想，这个从小只有爷爷、奶奶宠爱的孩子，应当也要长大了。我作为这个孩子的师长，应当扮演的是"母亲"的角色，我想用我的教育爱心牵引这个特殊孩子的成长。

我的语气变温和后，孩子的情绪却变得比较激动，开始有一些失控。这种教育的唤醒，这种感人的情景，让我找寻到了那份久违的教育激情和教育信任。我开始由放弃的教育理念转变为期待的教育信念，孩子也在不断地啜泣中，听着我"走心"的话语。这就是教育的唤醒，这就是教育的新境界！黑夜里的这条走廊上，有着专属我与这个孩子的秘密，我俩再次达成了新的约定，拭目以待！

这个透过窗口的故事让我明白：原来，教育是需要等待时机的；同时，教育的责任在于唤醒！

不能剥夺孩子们上体育课的权利

巴西世界杯终于落下了帷幕，足球这一"世界第一运动"让数十亿人为之疯狂，这便是足球的魅力，体育的精神。

纵观我们的校园，限于场地等条件，孩子们很少能踢足球，即使在中小学校，能踢足球的学生也不多，足球这一平民运动在中国几乎已经成为一种奢侈。在中国，除了极少数有身体障碍的孩子以外，几乎没有孩子天生不喜欢运动。运动是人的本性，无论是男孩还是女孩，都对运动有着不竭的热情，他们在运动中自由舒展自己的身体，释放着自己充沛的能量。然而，随着年龄的增长，由于学习任务加重，他们的运动逐渐减少，到了中学阶段，除了应付每周几节体育课以外，很多学生的运动量几乎降为零。

我常常听周边的同事聊小孩读书的担忧，担忧最多的是小学阶段孩子们的音体美等课程被严重剥夺的现象，这些充满"诱惑"的课全被所谓的主课代替。连我那读一年级的外甥女，如果哪天能如愿以偿地体验这些课程，她的心情都是非常激动的。常常听她感叹：今天我们一天都是上的语文课，太无聊了。一天！这太不可思议了，对于孩子，学习兴趣才是最重要的，如果从基础教育我们就抹杀孩子们的兴趣，孩子的厌学情绪令人担忧。

还是回到体育的话题，体育其实对于整个教育来说都是极为重要的，不重视体育，教育就不可能搞好。中国古代墨家就非常重视体育，即使是儒家，"六艺"中也有两门是体育。近代的蔡元培也提出了"完全人格，首在体育"之说。南开之父张伯苓认为"强国必先强种，强种必先强身"，"不懂得体育的人，不宜当校长"。近些年来，中国运动员在世界上拿的冠军越来越多，与此形成强烈反差的是青少年体能越来越弱。尽管学校在开展"阳光体育"活动，但很多学校在刮起"一阵风"后便偃旗息鼓，不了了之。如我校的"大课间"活动，也在风风火火坚持一年后夭折了。挺好的一个活动，就只能变成回忆了。特别是在快放假期间，音体美全部停课，取而代之的都是所谓的主科课程，殊不知在强压下，运动才是孩子们最好的减压方式，而我们作为教育工作者，却在背道而驰，其行为令人鄙视！

长期缺乏体育活动让学生的体质每况愈下，近视率升至世界第一，弱不禁风，手无缚鸡之力的学生不在少数。而相对于西方发达国家，他们的孩子风驰电掣，在大自然中自由奔跑，在运动场上驰骋跳跃，挥汗如雨，真让我们羡慕。

我认为现在的教育必须改变评价方式，解放体育，让我们的孩子自由轻松地享受体育的乐趣，让他们的身心更健康，更有活力和创造力，才能抵抗打击和挫折，才能热爱生活，才能笑看人生！

95 分的背后

"老师，我语文考了 95 分！"

原来是曹康同学，看来他对此次考试的成绩很满意，脸上流露出自信和得意的笑容。

对于 130 分满分的语文试卷，95 分并不算好成绩，但却是一个男孩的承诺，一个"奇迹"的实现。因为这个分数是有故事的，我彻彻底底地明白了：老师对一个孩子的期待是那么的重要！

这个孩子的语文基础不太好，受去年统考的影响，他似乎很在意我对他的态度。于是，我随口而说："曹康同学，你这次考试拿一个 95 分给老师看看吧！""那是绝对不可能的事情！"孩子立马斩钉截铁地回答我。其实，之后我也没有在乎这件事，因为班级中像这样失去自信心的回答我已"习以为常"了！

没想到简单的一句话，没想到简单的一份期待却在孩子们的心中种下了希望的种子，转变为奋斗的理由，这个孩子居然一分不差地达到了这个要求。对我来说，有一种无心插柳柳成荫的感觉。当时，我也非常地开心，一个 95 分，再次点燃了孩子们心中的那一份希望。

如果这次事件算是一次偶然事件，我就将它珍藏在心中，足矣！没想到我们的故事还没有结束，他的下一句话才算震惊了我："老师，你能不能下次对我说考 100 分，我想也一定会实现的！"嘿嘿，这孩子玩约定上瘾了，那好吧，我们就将承诺进行到底吧！

"曹康同学，老师觉得你下次可以考 101 分，因为这个数字老师喜欢，你觉得怎样？"

　　这个虎头虎脑的孩子脸上露出了一种怀疑和纠结的神情，但又大步流星地离开了。一个有想法、有目标的孩子，他一定可以做到的！

　　无意间的一次俯身，却让我收获了很多东西。教育中的一些可贵东西，其实就在刹那间，就在一些小的故事中。

网络指挥官

或许是看《特种部队之霹雳火》入神了，我居然在班级群里实施"清早点名制"，前三名我会为勤奋者送去三朵花，感受师生同心的快乐！

其实我犯了一个严重的错误，因为有些孩子在假期中是断网的，又或许有些孩子的家里根本没有电脑，所以这样的点名，也是有失公平的。其实，我就想多了解一下孩子们在假期中的生活作息情况。在当今信息化的社会中，能自我把控自己的行为才是最重要的。电脑、智能手机已在全民普及，将孩子们限制于没有了信息的"世外桃源"已不现实，更是一种错误做法。

现在的孩子，独生子女居多，城市化的生活环境也让他们没有办法感受我们80后的生活模式。00后的孩子们也有他们的生存方式，生活习惯，所以，引导孩子的成长比管束他们的成长更为重要！现在的孩子们，表面上享受着物质生活的富足，而内心却常常孤独。对比他们的初中生活，我心生怜悯之情，还因他们生活的单调深感悲哀！同时，我也在反思自己布置的家庭作业，似乎超量了。以阅读和写作为模式的假期作业，还兼带关注颁奖晚会、筹备讲故事、自制窗花等弹性作业，似乎让一些孩子不太适应。其实，我是从长远的目光去培养孩子们的，语文的素养提升也并非一朝一夕，所以内心的根植，才是最好的投入。

作为师者，内心常常纠结，因各种教育目标的变化，因各种教育制度的更新，因各种教育手段的提升。刚找寻到的新模式，却又淹没于新的浪潮中。回首近二十年来的教育模式，我们辗转于应试教育和素质教育之间。作为一名教育"小兵"，我们总要迎刃于上级教育部门的各种方针政策，与时俱进，主动更新！但频繁地更换教育主流，也让我们应接不暇。

网络上的军事化点名，其实也是一种"与时俱进"的做法，未来网络教室，网络对接教育已风靡大城市，并逐渐推广于三线城市和农村教育。不换思想其实就是一种无形的淘汰，凡事走在前面，变被动为主动，这亦是一种成功！

加油，网络化的管理已势在必行，从军事化点名做起，做一名网络指挥官！

欢迎最爱的妈妈回家

　　早上还悠闲地漫步在华中师范大学的校园中，晚上便马不停蹄地坚守在教室的讲台上。历经了人生的悲欢离合，散散聚聚，心中感慨万千。总叹惜时间都到哪去了，总依恋那童话般的生活，回来后，我们又做回了"灰姑娘"。

　　一路上想了很多个与孩子们再次相聚的场景，想了很多句要说的话，想了很多种开场白来表达彼此的牵挂……可一切不在自己单个的"彩排中"。在这"双十一"的日子里，孩子们用他们自己的方式酝酿了那专属的四十分钟，我收获到了世界上最纯真的感动。他们将期中考试后挫败情绪凝聚在了一份份祝福，一句句誓言，一条条反思，一封封感恩信，一个个棒棒糖中。

　　望着教室后面黑板上醒目的一句"欢迎最爱的妈妈回家"，我的怒气转化成了激励和感动。望着堆满讲台的棒棒糖，甜蜜已经融入我的心里，我的失望转化成了一份希冀。与这群孩子才八天未见，各种情感却交织于心中，一份份熟悉，一份份亲切油然而生，我的思念化作今夜缠绵的小雨。

　　突然间不知道该说什么，突然间教室里鸦雀无声，没妈的孩子们又飘荡了八天，我想此时挫败的他们更需要老班的原谅、倾听、相守和激励。我的心情其实更复杂，有思念，有压力，有感动，有对明天的憧憬。不就是一次考试的失败吗？没事的，不会太困难的，别怕，老班又回到你们的身边了！

　　糖果中，珍藏了很多爱的宣言。风雨交加的晚上，我躺在床上，精心地拆开每一张便利贴，一阵阵暖流流入心间：

1. 谢谢你，对不起！

2. 愿老班永远爱我们，我们也永远爱您！

3. 终于等到你，还好我没有放弃！终于等到你，我还在坚持！

4. 老班，我终于没成为那颗流星！

5. 感谢你一直以来对我们这些孩子的关爱、呵护、鼓励与斥责，很珍惜每一个来之不易的日子。

6. 老班，你若安好，便是晴天。

7. 虽然这次没考好，但是我们会比原来更努力。

8. 您不要为我们操心了，我们可以做到更好，不会让您因我们而难过，如您所愿。

9. 64 个孩子的妈妈终于回来了！

10. 虽然我们考试没考好，但还是希望您能开开心心！

谢谢你们，我们一起努力，可以吗？过去的一切，我已经忘了！

退一步，拉一把

教师的一个转身，才能带动一个孩子的回头。不管你心中有多大的怀疑，但一个教师必须拥有宽广的胸怀，必须给孩子留下成长的土壤。

一个孩子不可能不犯错误，但孩子犯错误后你对孩子的态度，才是决定孩子改变的关键。我们在教育孩子们退一步海阔天空时，自己是否做到了呢？

长久以来一直都坚守自己的教育原则，却在近些年来明白了很多东西。我们面对的群体在改变，他们的思想，他们的性格，他们的成长环境都在改变，如果我们还用同样的尺子去衡量，那么你的教育效果是值得深思的。

当她被公安局带走问话时，我的心里除了惭愧，就只剩下痛心。此时的孩子已经站在了"悬崖边"，我的态度和抉择，将会影响孩子的一生。是将她顺手一推，还是紧紧拽住，取决一个老师的教育智慧和胸怀。在孩子被带走的时间里，我想了很多种处理方式。这个孩子在成长中反反复复，的确让我很揪心。但近些日子的一些教育书籍的引领，对我的教育理念冲击很大，让我改变了过去的简单处理方式。这一回，我想同自己赌一把。这个孩子最大的问题是交友不慎，从而导致了价值观的突变。平时在教室里，她都能管好自己，专心学习，给予她最大的诱惑的是她身边的朋友。正所谓"近朱者赤近墨者黑"，青春期的诱惑太大，很多孩子是把持不住的。特别是很多走错路的孩子，她很想回头，但周边人总会用固有的眼神去看待她，不信任她，这样必然会将她推向一个失重的深渊。

今天，我再次心平气和地同这个孩子谈心，感动之处她依然会热泪盈眶，悔过之处她依然会低头不语。念想到我最近读过的一些教育理论书籍，一颗

"宽容"的种子在我的心底生根、发芽。当我表明愿意重新接纳她时，她有过吃惊，有过怀疑，或许最后才是感动。我们第一次聊到她的家庭，聊到她的烦恼，聊到她未来的选择。从孩子的言语中，我读懂了孩子的心思。我更加坚信了自己的抉择，一定没有错，一定不会错！我想用我的实践行动去换回这颗孩子的心，我要重新审视孩子身上的优点。

我还特意推荐了一位二十二岁男生的成长反思视频，她看得很认真，也很深思。他们的经历似乎有着相似点，这段视频恰到好处，我希望对她有一些帮助和促进！

当她走出这个办公室时，我长长地舒了一口气。后来，我们又在校园一角偶遇，我看到了她脸上露出了久违的笑容。我很庆幸自己的决定，我又为自己的善良增添了一笔。

退一步，拉一把，做一个有温度的老师！

宽容是教师最美丽的语言

教育人格的魅力，是对学生最恒久的教育力。

假期充电之余，我一直在反思学生"自杀未遂"事件。我一直未弄明白，我的教育理念到底是哪儿出了问题？十多年来贯穿着"爱出者爱返，福往者福来"的理念，谁知在爱的包围下，折腾出这样一件事来？这一事件，是我教育里程中的一次重要转折，我将重审自己的教育行为，重拾自己的教育心情，重找自己的教育信心，为教育重新启航！

静心之余，我似乎反省出一些个人身上出现的问题。长久以来，我因行政工作忙晕了头脑，我因领导的信任让行事变得浮躁，我因外出学习对学生的管理浮于表面。总之，半年的时间，我在华丽转身的同时，学生也在重重压力下悄然变化。因为进入九年级冲刺阶段，我对学生的教育由七八年级阶段的宽松变得严厉，殊不知忽然间的转变让众多孩子不适应，重重压力又撞上青春逆反期，而我的教育方法依然趋于简单和严肃，我与孩子们之间无形中有了厚障壁，而我却全然不知。现在想想张越泽同学的事情，不免有深深的悔意。如果不是当初我性格上那么执拗，如果不是我因工作繁忙而忽略孩子的心理变化；如果我能早一些知道他早恋的事情，如果我能找一个合适的机会同他心平气和地聊聊；如果我能在发生冲突后的日子里不对他那么冷淡，如果我能彻底地抛弃那封遗书对我的阴霾；如果我能一如既往地对他信任，如果我对成长中的一些孩子多一些宽容……太多太多的如果，我们都无法悔过；未来的一切，我们都无法预测。在孩子的心里，留下了一道伤痕；在我的心里，留下了一片阴影。

一直对自己的教育成绩引以为豪，一直都骄傲地行走于教师的队伍当中，但这件事情如一个耳光，响当当地把我甩醒了。原来教育无小事，每一届学生的成才，每一个孩子的成长，都与自己的教育行为息息相关。我们的教育理念和处事方式有时会影响孩子一生，退一步或许成就一个栋梁，执拗一时或许毁掉一朵鲜花……

猛然间，我有了一些幼稚的想法：想要寻找一些补救的机会，让自己重新做一个决定，让自己尽最后的一份努力。唉，对这件事情，我真的还需重新选择吗？我的心里有了一些纠结。我在试想：下学期每从隔壁班走廊经过一次，都会有怎样一种目光关注我？短短的三个多月，抬头不见低头见，我们彼此都会受到怎样的煎熬呢？或许 00 后依然桀骜不驯，或许环境的转变能逼他进入绝境，从而看到最美的风景。虽然学校将他定性为心理出现了状况，但我却依然坚定他是装的，二年多的相处，我比他父母更了解他。虽然换了环境，但我觉得隔壁的土壤并不适应这根长歪的苗。我始终坚定，对于这个孩子，如果他愿意回归，我坚信自己有信心助他成长。风险和利益永远是共存的，所以如果有机会，我还是愿意挑战自我的！

静坐常思己之过，闲谈莫论他人非。宽容是一种非凡的气度，一种宽广的胸怀，一种高贵的品质，一种崇高的境界，更是一种特殊的教育方式。同时，宽容又是一种温柔的力量，它可以穿透人的心灵，是一种充满温情和期待的爱，更是老师最美丽的语言！

"逆袭"成功

——只因我们的眼里只有你

今日女生拔河比赛意外闯进决赛，"逆袭"成功，原来心存希望就能达成心愿。其实胜利就在一瞬间，你咬牙切齿了，你紧锁双眸了，你面红耳赤了，希望就会向你奔来。

天生我材必有用！班级所有力量凝聚在那一根绳索上，我们也把希望投放在了参赛的 15 个女生身上。每每比赛时，我都站在队伍的最前面把关，我希望她们能在我紧握的拳头中汲取能量，我只对她们说："咬紧！咬紧！""别放弃，一定不要放弃！""快了，快了，再坚持一会儿就好了！"比赛的瞬间，孩子们的眼光似乎只聚焦于我，因为面对困境，她们只能向前看。而前方只能看到我，那摇摆的红绳已不重要，重要的是孩子们的眼里只有我。那瞬间，我感觉自己特别的高大，也有"女神"的派头，因为我就是她们的精神支柱，精神力量！特别是在孩子们失去第一局的背景下，我能真实地感受到孩子们为班级荣誉拼命地坚守，你们永远不是一个人在战斗，也不是 15 人，对手永远是面临 54 人的挑战，因为我们是一个整体，是一家人！

旁边的啦啦队声音都喊哑了，这并不重要，因为他们呐喊出了对胜利的渴望；参赛的队员们手掌都磨出泡了，这也并不重要。因为大家都知道紧握绳索的责任，女生们不仅要为自己而战，还要为男生们一雪前耻，更要为班级荣誉而战！

谢谢你们的努力，你们让一切的不可能变成了可能，你们用团结、坚持、拼搏捍卫了班级的荣誉！

　　"逆袭"成功后，我采访了几个孩子，我询问她们在关键时候的真实想法，对她们的回答，我太满意了。一句"只因我们的眼里只有你"，足矣！谢谢你们，有你们真好！

作业"包租婆"

课间，我习惯于在教室里逗留，放下师者身份，一边享用孩子们递给我的小零食，一边孩童般地与他们拌嘴。我们时而在作业的布置上"讨价还价"，时而一起聊聊近期热播的电视剧；我还时而敲敲他们的脑袋瓜消消气，时而做做怪样子撒撒娇，师者的幸福莫过于此。

一分钟前，我们共同徜徉在知识的海洋中；而此时，我宛如一个孩子，享受着一个师者最简单的快乐。如往常一样，下课后，我又"没心没肺"地走到了孩子们中间。九年级的孩子果然"待遇"不一般，任科老师们选择"深入浅出"，网络筛选，择优选题。孩子们也过上"刷题生活"，面对纷飞而至的导学案，只能默默接受。团支书丹丹终于沉不住气了，当我靠近她的小组方阵时，她大声朝我说了一声：老班，你是"作业包租婆"！呵呵，这让我想起了电影作品中包租婆的形象，刷着牙冒着泡，穿着睡衣，头发蓬松……当包租婆的前面冠以"作业"二字时，道出了孩子们压抑已久的怨气和无奈。

我第一次被冠以这样的称呼，心中悲喜交加，怎一个"怼"字了得！我立马委屈地说：我的作业不多啊？怎么能冠以如此称号？俺不服。周边的孩子们马上闹起来，都凑过来看热闹。

同学甲：对，对，这个称呼于你来说名副其实。

同学乙：这个太有才了，我们最近作业太多了。

同学丙：老班啊，我们提前进入高一了，好累啊……

等等，不对啊！我的语文作业一向适量适当，但这个"美称"我不服啊！

反思之后，我居然默认了这个称号。我作为 275 班团队的"老板"，各任科老师布置的作业都应当算在我身上，所以我便成了名副其实的"作业包租婆"。孩子们用开玩笑的形式向我呐喊出来，我深切感受到了一份信任。因为我平时的包容和宽容，孩子们还能坚持同我说一点心里话。能听得到孩子心声的老师，才是成功的老师。

　　看似简单的一个称号，背后却掩藏着许多故事。教育无小事，作为教师，我们应当细心、耐心、用心。关注孩子对你不经意的一个评价，其实就是开启孩子内心世界的一把"金钥匙"。谢谢你——丹，"作业包租婆"这个称呼将激励我继续前进，重思教育，成就未来！

女生抽烟折射出的教育问题

那醉生梦死，云里雾里的样子真令人嫌恶。

——题记

今日与几个不相熟的朋友共进，有四个"靓眼"的女孩，她们的言行让我大跌眼镜。身上浓浓的香水味，脸上厚厚的粉底，喝起酒来如饮水一般。后来，居然还在众人面前放肆抽烟，嘴里不时地吐出轻柔的烟雾，她们的灵魂其实早已消逝了。她们在最美的年华里放纵自我，麻痹自我，其实她们失去了尊严，也失去了人生的方向。

在她们的言谈中透露出了她们的出生地，她们分别来自贵州，黑龙江，临武、汝城，也算来自全国各地吧，郴州接纳了她们，但她们却选择了这样的方式生存……

作为一名师者，也算阅人无数。从言谈举止中便能知晓一个人的道德素养，在这一堆人里，我的知书达礼，规规矩矩似乎成了她们眼中的"另类"。回来的路上，我一直都在反思我的所见所闻，这群刚刚才走出校园不久的年轻人，她们的价值观到底发生了怎样的扭曲？

生活所逼吗？不是，当今社会很和谐。家庭变故吗？也不会，如果是那样，儿女更应当留在父母身边。一切都是她们自己的选择：因为她们放弃了拼搏，选择了安逸；因为她们忘记了尊严，选择了依附！一个人选择的生活方式，决定了他在社会上的生存形式。

现在很多刚离开校园的年轻人，因为害怕面对生活的压力，胆怯地面对残酷的竞争机制，大事做不来，小事不想做，很多在遭遇了尴尬的境况之后，选择了逃避，选择了沉迷，选择了不劳而获！一个思想上的转身，选择了灯红酒绿的生活，选择了醉生梦死的麻痹，选择了失去尊严的苟且偷生……望着她们稚嫩脸上的强颜欢笑，望着她们对陌生男人的挤眉弄眼，望着她们失去自我的投怀送抱，我愈加发现自己生活的单纯和简单。我很庆幸选择了教育这个职业，因为与孩子们待在一起，心理纯洁，行为纯粹，童心未泯，累，并快乐着！我们每一天的生活，关注着每一棵幼苗茁壮成长，期待着每一朵鲜花尽情绽放，我们看到的是希望，是上进，是拼搏，是团结……所以，老师应当是幸福的，因为有那么多孩子黏在你身边，足矣！忽然想到了一句暖心的话：我陪你们长大，你们陪我变老！

社会犹如一个大染缸，能改变的东西太多了，对人的培养应当具有长远性和持续性，而不能因离开校园后变得如此堕落，当今的教育任重而道远……

近日在批改日记中，有学生向我告密：张琦（女）在吃槟榔！这个信息无疑震惊了我！一个女孩，应当不会变化这么快。小小的槟榔，那不仅是对身体有害，更重要的是孩子的心理在向一个错误的方向发展。到底是环境改变了她，还是她放弃了对人生的追求，张琦的改变的确要引起我们教育者的深思。

一个人的成长，受学校，家庭、社会的影响很大，在复杂的大熔炉里，坚定自己心所走的方向才是最重要的。但这些未成年的孩子，太容易受外界因素的干扰，在激烈的竞争和内心的纠结中，慢慢地就会走向一条不归路。蝴蝶效应告诉我们，看似微不足道的事情，却可以造成集体内部的分崩离析，所以班主任在日常管理中一定要注意细节，注意观察学生的情绪波动，防微杜渐。有时候，一个不良的习惯可能影响孩子的一生。

古语曰："生于忧患，死于安乐"。在紧张、激烈的竞争中，我们才会有昂扬的斗志力，愈挫愈勇。而在一种安逸的环境中生存，则会选择一种轻松、自在的生活，没有了奋斗目标，没有了追赶的对象，没有了逆境中的磨炼，没有了对手的嘲讽，一切安逸的现状让他们变得低迷起来。其实这就是人们常说的"青蛙法则"，将青蛙投入一锅沸水中，它会义无反顾地跳出来，选择逃亡；如果将青蛙投入一锅温水中，然后慢慢地加热，青蛙则在没有反抗中慢慢死去。这是多么可怕的法则啊，它也提醒我们要明白"优胜劣汰，适者生存"的理论。

校服里折射出的"拔苗助长"

来到学校，统一穿校服，意味着孩子们个性化生活已结束，服装的统一将约束孩子们三年的个性审美。自由一旦结束，就意味着首先要适应统一，强化意志力。

校服的统一，是为了便于学校的统一管理，是为了平衡同学们的攀比心理，是为了让孩子淡化物质享受，提升精神世界。早已习惯了学校校服秋冬里的那片蓝，夏季里的那片红，典雅与热情的结合，彰显了学校"空谷幽兰"的底蕴。

开学初，实习老师们在上交校服尺寸表时，根据自己三年来的经验，自作主张地为孩子们加大了一个尺寸，没想到校服厂的阿姨们也从孩子们长远的角度发展，又任性地为孩子们加大了一个尺码。领校服时，看着被"连升二级"的班级尺寸表惊呆了，一米四的孩子领着一米七尺寸的衣服，这怎么撑得起？我开始有些忐忑不安，担心家长们的责备，担心家长们的不理解。事已至此，只能做好与家长的沟通工作，再与外班老师交流一下，看能否让"大资源"共享。

现在推行的教学模式，我个人认为这是教学理论中的"拔苗助长"的行为，单独一对一的教学或许可以推行，这种大面积的推广，其实是违背教学规律的，将会对大面积的中等生进行摧残和打击。我也很不幸，成了学校推行"二+四模式"首届班主任。一段时间的教学反思，我个人觉得班级孩子的素质和学习基础根本达不到二年完成初中学业的要求，如果非要推行的话，似乎就是在上演现实版的"拔苗助长"故事，结果不言而喻。在校服的定制中，让我看清了"二＋四模式"带来的严重后果。因为主观者们的一些个人想法，将自己美好的一些意愿强加于孩子的身上，但这升级版的校服却并不适合孩子们，孩子们穿着不舒服，家长们不太乐意，后果也不堪设想。我在校服中看到了我的担忧，这种"拔苗助长"的教育行为是违背教育规律的，值得每一个教育工作者深思。

　　我更加坚信：适合孩子们成长规律的教育才会是最好的教育！

脱下春天，穿上夏天

教室上空，吊扇开到最高档，风呼呼呼地；风扇下面，还是如秋日里一样，瓦蓝一片，湿热湿热的。温度已升至 30 多度，但一群久经考验的孩子们依然被校服裹得严严实实的，宁愿汗流浃背，也不露出手臂。在这一点上，我是能深刻理解孩子们的，特别是女生！我也是从青涩的年华走过来的，我能理解孩子们酷暑穿两件衣服的难言之隐，也能理解孩子们宁愿热死也紧紧包裹的共同倾向。

你们不是说 00 后无所畏惧吗？你们不是说 00 后与众不同吗？你们不是说要快快长大，独当一面吗？其实，你们依然走上了前人留下的轨迹。本来我还未关注到这个问题，但近来连续的发烧、感冒引起了我和家长们的深思。当家长们强烈要求我解决这个问题时，我陷入了左右为难的境遇。因为，我是懂孩子们的。在这个问题上，不能强逼，重在引导，只能智取。当我与孩子们真心交流后，大多数孩子们还是不能脱去汗臭相交的长袖，自信地穿上凉爽的短袖。其实，一种做法施行后就会习以为常，反之，如果你还局限于昨日的想法，你就不正常啦。初中的孩子正处于转型期，其实到了高中，大家的观念就上了一个台阶，因为那是真的长大了。在我的鼓励下，终于有了一群孩子脱下了长袖校服，教室里终于有了夏天的味道。试想，老师穿着飞扬的裙子，给台下一群包裹紧紧的孩子们上课，大伙不觉得不伦不类吗？难怪，我们师生间的那种默契度在急剧下滑，原来我们都不生活在一个季节里。小伙伴们，拜托了，让我们的服饰与季节同步，好吗？

发烧，那是热的；感冒，那是闷的；禽流感，那是我们共同"创造"的！凉爽夏日已来，让我们一起展现夏日的风采吧！

骑乐无穷，随心所欲

今天，我们与一群孩子，也不知道目的地在哪，只知道想要奔向远方，朝着马路的延伸处前行，与天空拥抱。

第一次感觉到漫无目的的飞奔是那么惬意和爽朗。六人的队伍，时聚时散，时分时合。无论谁在前方，总会习惯返头等候；也无论是谁在后方，总习惯相依相伴！青春靓丽，活力四射的队伍成了郴永大道一道独特的风景线。

当我们向远方飞奔时，无须害怕，只需勇气。只要你有一颗前进的心，你就能看到前方不一样的风景。因为酸痛，因为疲倦，我们随时都会停靠在周边的风景处。只要稍微有一丝懈怠，年轻人就会放弃追梦的信念。一路上，大多数孩子不停地问我目的地在哪，还有多远，其实连我自己也不知道，我只知道我出发时向往的那个目的地。或许孩子们第一次感受到了漫无目的奔跑的忐忑和焦虑，离梦想初发地越远，心里越没有着落。我撒下了一个又一个谎言："骑过这条长坡就快要到了！"一次又一次的失望就如人生中一次又一次的失败，他们奔向目的地的急切心情已吞噬了享受过程的惬意。我在他们不断地质疑声中，不断加远目标，不断挑战他们的耐心，只因我想锻炼一群真正的"男子汉"。一路上，我都在有意无意地考验这几个孩子：陈俊杰一路都嫌我们慢，很少与我们保持在可望见的距离中；李典泽则塞上耳机，脸上毫无奋斗的激情；刘越一路都是嘻哈，他似乎找寻到了玩耍的快乐；李千禧则默默无语，由去时的兴奋转变为返回的无语和放弃；只有李芸锋懂我，在这个临时组成的团队中，唯有他向往天际的美好，总在小伙伴们放弃的时候替我坚持，所以我们才顺利到达了我们出发时定下的目标。人生最怕行走时忘记自己最初的梦想，青春每一天都是直播，彩排是需要付出代价的。

这次骑车活动，我只想让孩子们找寻到风从耳际飞过的声音，汗流浃背时的爽朗，自由飞奔的快乐，互相鼓励的温暖……四个小时的骑行，飞奔，我们用全身酸痛，汗流浃背，自由飞奔捕捉到了风的快乐，友谊的温馨及我自己所要的答案！偶尔，就让我们任性一回吧！

骑乐无穷，随心所欲！

谈座位的二次重组，改革是需要勇气的

近日听了山东省昌乐二中的石绍磊老师的讲座，受益匪浅，大有收获。在乘坐回家的 27 路公交车上，我的心情就变得波澜起伏。因为一个从未有过的想法在我脑海里出现了，一场班级的改革运动即将拉开序幕。这如在平静在湖面上扔了一颗炸弹：是传统思想与改革创新的较量，是勇气与世俗眼光的 PK。当我将这件事与班长、小组长们商议时，没想到得到了大多数人的赞同。虽然有个别组长有一些情理之中的担忧，但我们都愿意一起去面对，去分担，去解决。

在座位二次重组的过程中，我看到了孩子们不舍的眼泪，看到了孩子们纠结的表情，看到了孩子们动荡不安的内心。回想到刚迈入初中时，我在不了解孩子们的情况下将"小伙伴们"分组，持续一年多的组合，有和谐的音符，有吵闹的声音，有默契的帮助，有埋怨的赌气，有快乐的回忆，我相信也会有崭新的开始。

改革是需要勇气的，我觉得我就是这次改革的弄潮儿，当然也包括有勇气站上讲台竞选演说的小组长们。你们用胆识、用智慧、用执着诠释着新的开始，老班很感谢你们的积极参与，很感谢你们在班级最紧要关头陪伴在老师的身旁，很感谢你们想要为班级奉献的可贵精神。我，你们，都将载入班级成长的史册中！改革，让我们的班级更加自信，让我们的班级更有活力，让我们的班级更有战斗力。

如果说组长们精彩的登台竞选演说振奋人心，那么组长与组员的双聘制更加是惊心动魄，纠结于心，组长们用自己独特的魅力和良好的人缘关系，将一个又一个的"人才"揽入组内。正所谓广纳人才,招数使尽。那双选的过程就如人才市场,每个人的心情都是百感交集,复杂多变的。看着昔日的队友一个一个离去,有伤心落泪的,有开怀大笑的,有依依不舍的,有壮志凌云的……教室里似乎上演着一部电视剧,即使有 N 个镜头,也无法抓拍住孩子们瞬息万变的表情;即使有 N 个关注者,也无法体会到孩子们复杂的心情。

但一切又显得那么井然有序,告别老朋友,迎接新战友,年轻人总能够在最短暂的时间里调整自己的情绪并做到最好,由开始的依依不舍到现在的其乐融融,望着孩子们无辜而又无奈的表情,我的心久久不能平静。

今夜,既然选择,就无怨无悔。

今夜,既然迈出了第一步,我们就应当勇敢地走下去。

今夜,既是一种学习氛围的结束,又是一种学习方式的开始。虽然结果已不重要,但结果也依然值得我们去期待!

小伙伴们,我不知道老师的这次改革是否给你带去了不安和伤害,但老师相信你们都是坚强的。正如曹鑫欣的那句歌词,一直响彻于我的心间:多么痛的领悟!孩子们,拾起你们的勇气,新的一天又即将开始,我想你们会飞奔起来!

假如生活欺骗了你,不要悲伤,不要气馁!

让书带你们飞翔吧

总习惯于在周末的下午，一个人漫无目的地去街上逛逛。

总有一个地方指引着我，义无反顾地去接近它。

我很喜欢这里纸张的油墨味，很欣赏那些斜倚在墙壁边的读书人，很喜欢这里安静的环境。这里虽处于闹市，但依然可以净化你的心灵。

每隔一段时间，我都想为学生们补充一些"养料"，因为这是他们关注世界的一个方式。即使现在的生活是那么的繁忙，枯燥，无聊，但这只是表面现象，只有能看到奋斗内涵的人才是真正的成功者。

或许你不知道你的明天会是怎样，但老师要告诉你今天必须奋斗；或许你不喜欢现在的生活方式和节奏，但老师要告诉你今天必须让自己充实。如果你自己都不能看清自己的未来，又不愿相信老师告诉你未来的方向，或许你已经迷失了方向，这一点是非常可怕的！

总觉得自己对你们的引领不够深入，总想将自己所知道的方法和秘诀都告诉你们，但我觉得还远远不够。我之所以为你们买书，只是想为你们引路，只是想介绍更多的大师与你们认识，圣贤也好，明星也罢，我希望给予你们更多的正能量，唯有这样，你们才会飞得更高，走得更远！我希望你们能珍惜老师的劳动成果，明白老师的用心良苦，领悟老师的真正用意！

今日特为男生们选定了一本题为《这样做男孩最优秀》的书，谨以此书推荐给身处逆反期、即将逆飞的男孩们。你们平稳过渡，调整心态，把握自己的青春才是老班最期待的！希望你们不要错过这本书。

让书带你们飞翔吧，因为它也是我的老师。

你们会一直是老班的跟屁虫吗？

"八年级现象"接踵而至，我的内心有一些忐忑不安。

进入八年级后，一部分女孩子变疯了，整天嘻嘻哈哈，有些女孩有了自己的小心思，成长中的女孩需要引导，当她们觉得避开老师一寸时，其实已走出了距离老师一米的距离。这种距离由看得见到摸不着，最后明白时却已经晚了。女孩比男孩更需要自强、自立，只有做到真正的独立，才会有机会飞得更远，更高。我是一个深受重男轻女思想影响长大的女孩，我的成长其实是一个旧时代女孩追求自己梦想的过程。虽然当前的我普普通通，但对同年的孩子来说也算优秀。三岁读学前班，十四岁读师范，十七岁参加工作。在教师队伍中，我是同年参加工作中最早评为中学高级老师的人，这些本不可能的事，却被我创造了一个又一个的奇迹。我将别人眼中的不可能变成了可能，因为我就是一个不服输的人。

每个人都有自己的选择，作为老师，对你的关心和关注都是善意的，角色定位于你成长中的引路人。如果你是老班的跟屁虫，你就对了。在"长征"的队伍中，65人的队伍却越来越少了，你还在老班的后面吗？

无论你是聪慧的孙悟空，还是牢骚满腹的猪八戒，再或许是任劳任怨的沙僧，你只有跟在执着追求的唐僧后面，历经九九八十一难方能成功！我是那个不讨徒弟们喜爱的唐僧，你会是我的哪一个徒弟呢？一日为师，终身为父，如果你还愿意当徒儿，就请你听为师的话，一如既往地跟着师傅走吧！

集体向左转 90 度

　　这个日子是班级特别需要纪念的一个日子，坚持了两年多的位置在今晚变回传统课堂的形状，由过去的"面对面"变成了"一致向前"的统一模式。

　　课堂改革，我们需要勇气和信心；位置变回，我们同样需要责任和担当。追寻课改模式以来，我们以组员互助为管理方阵，讨论探究为学习模式，其实改革的精髓已深入人心。我想，今日课桌的集体向左 90 度转变，并不是课改的终结，而应当是课改的延伸。课桌的摆放形式虽然变了，但互助学习的灵魂却不会丢，课改的理念却不会放弃。

　　对这场课桌"变形计"，我勇敢地向前迈出了一步。这是应个别任课老师的强烈要求，但是否能得到其他老师满意和孩子们的舒心，我还需要进一步征求大多数人的意见。习惯了过去的位置摆放，突然见 64 个孩子的眼神齐刷刷地"关注"着自己，反倒有点儿不自在。瞬间，一种被关注的幸福感油然而生。或许是太久没有正面看到这些孩子们的脸蛋了，又或许是大部分孩子太久没有正面关注台上的这些"神人"了，最初的眼神碰撞，居然有些尴尬，又有些羞涩。我想，在剩下的日子中，我将像太阳一样照亮所有的孩子，让爱撒播在教室的每一个角落。

　　当一些任课老师为我将桌位的改变点赞时，我心里不知是喜是悲，五味杂陈，百感交集。这是在改革浪潮中的一次全力转身，也是在众人关注下的一次无畏改变，我想：为了孩子们能有效地与任课老师交流，我愿意担当一切！

　　集体向左转 90 度，又会是一次华丽的转身吗？让我们拭目以待！

构建家校平台

学校拉开了"家长开放日"的活动，每到这一天，我们都是盛情邀请一些住在附近的家长，因为担忧家长们的工作比较繁忙。

"老师，明天我可以让我老妈来学校参加这次活动吗？"

易福郴同学的这个请求改变了我对他往日的看法，这次的主动争取行为，让老师看到了在他身上新的希望，新的期待。这是一种勇敢的表现，这是一种上进的追求，这是一次突破自我的飞跃。谢谢你，易福郴，你是班级里最勇敢的孩子，希望这是你的一个新的开始！一个简单的要求，足以折射出一个孩子内心的真实想法。

被邀请的家长，那是老师对你的关注，是老师对你的期待，也希望能与家长共同努力，共创美好的未来！而未被邀请到的家长，我们交流的方式有很多，所以别太在意老师的选择，因为你们在我的心里也是同样的重要！

"家长开放日"的两节课都很成功，我要为我们班的任科老师点赞。我觉得数学老师讲课的思维很清晰，重在引导大家寻找解题的思路；我认为英语老师讲课的课外拓展空间很大，重在训练孩子们英语的表达能力和解题能力。

中午，我与三位家长在食堂共进午餐，谈笑风生，很和谐！在家长们的脸上，我们也看到了幸福的笑容。

构建学校和家庭的交流平台，有助于孩子健康成长，也是一种便捷式的沟通方式。

孩子们犯错就是成长的表现

孩子们犯错就是成长的表现。

再好的班级，再优秀的团队，再超神的班主任，不可能做到孩子们永不会犯错。其实，班级有些波澜，孩子们成长的过程中有些磕磕碰碰，那都是正常现象，那都是情理之中的事情。最可怕的教育理念是不允许孩子们犯错，或将错误无故放大，那才是孩子们所不能接受的事情。

我不是神人，所以我也带不出超人。

同往常一样，中午的教室繁忙中显得有些嘈杂，有睡意蒙眬的，有奋笔疾书的，有东张西望的，有无聊透顶的，有口水直流的，有美梦连连的……教室生活彰显了一幅社会生活图。挤挤挨挨的教室里，除去一直请假的空桌外，还有两张桌子"人去椅空"，空荡荡的，显得有些寂寞。

警醒的我拨通了孩子们家长的电话。

"孩子不在家里！……"

"孩子没有回来！……"

这两个信号足以让你"心惊肉跳"，足以折腾你整个中午。

站在教室的走廊上，火眼金睛地聚焦在校门口，等待这两个要去"剪头发"不来学校的孩子。文学作品里常有这样的画面：倚在廊边，那是怀着一份依恋和希冀；而现在，等人是心怀怒火和焦虑。脑海里呈现出很多可以想象的画面，但最终还是出现了我所不愿见到的一面。其实在与家长的交流中，我又得知了孩子们最近的一些反常的表现。这俩孩子的表现反反复复，但却心存善良。或许是学习给他们带来的压力，或许是网络对他们的诱惑太多，再或许是他们没有坚定的人生价值观。总之，我觉得这俩孩子的转变还是有很大的机会。所以，我相信他们！

正是这份信任的目光，首先取得了"福儿"的信任。其实这段时间他的表现还是值得肯定的，首先他成功地挑战了自我，隔了很长一段时间再去招惹游戏。从他的游离的眼神到现在充满正能量的眼神，我觉得他比任何一个孩子都不容易，因为他战胜了自我。或许他没有办法与别人相比，但我觉得他更值得我去关注，去帮助，去引导，去鼓励。在老师的信任下，他勇敢地承认了"争分夺秒"去上网的经历，就在他最短时间承认自己过错的一瞬间，我被这个孩子的担当感动了。因为这是他最大的进步，这种进步比成绩的提高更给力，这种进步是他一生中性格转变的最大收获。就在这瞬间，我也感受到了教育的成功和幸福。谢谢你，福儿！

就在这时，又来了一个插叙故事。因为隔壁班的"游戏疯狂者"中午深入到教师办公室"上演游戏大战"，正好被我逮住了。因为他们人多势众，所以，一阵风便让他们溜走了。逃了也罢，让他们老班自己去搞定。

我继续审问自己的孩子们。谁知不到三分钟，隔壁班的三个"游戏疯狂者"便主动走到我面前。没有想到他们是主动来承认错误的，我很震惊！在这么短的时间，他们就能主动来承认错误，承担责任，他们的行为让我很惭愧！惭愧来源于我对班级孩子教育的挫败感。同样是犯错，但孩子们认识错误的态度咋就相差那么大呢！对于主动来承认错误的孩子，我们应当给予及时的肯定，我们应当给他们一个改过的机会。我很快就原谅了他们，给了他们一个重新改过的机会。

在我与小伙伴们之间，我觉得信任是最重要的，孩子们犯错就是成长的表现！

幸福就是暖在孩子的中间

今日被我的闺蜜张莹同学在微信圈里的一句话感动了："现在上英语课对于我而言，是一种享受，一种快乐！"

我喜欢"享受"和"快乐"这二个词，人生中能遇到这样的知己，亦是一种幸福。对比自己，我也是一个享受教书的人，我的快乐也在孩子们那一双双渴求的目光中，幸福定格在与孩子们的一次次的相拥里。我享受我的课堂，我享受孩子对我的依赖，我享受孩子们青涩的成长过程，我享受与孩子们一起拼搏的点点滴滴……

幸福也是一种嫉妒。秋日的夜里，我被同路的孩子左拥右簇，夹在中间的我暖暖的。这一幸福的画面遭到了不同路孩子们的嫉妒，或许那时的他们，只想与我同一个方向，享受这份零距离的温馨。付栎橙穿着棉花马夹，一路紧紧依偎在我的左边，特别暖心；谢丽花喝着纯牛奶，紧靠在我的右边，单薄的身体还需要我来照顾，特别让人怜悯！我暖在中间，特别幸福。师生三人同行，没有隔阂的距离，没有繁杂的礼节，挽着孩子们时，一阵暖流涌上心头。

路遇同事，她看我"左拥右抱"的，也向我投来了幸福的目光："你就混得好喔！"一句朴实的话，却暖进了我的心里。

到家后，我还在回味与孩子的幸福滋味！耳际边忽然响起了那句常驻在我心底的话"谢老师是我的"，"谢老师是我的"，每每听到这样的争吵，我心底都乐开了花。这比"老师，我爱你"还给力！

我们这些快乐的教书人，一直都在信守最初的梦想，既然选择，就无怨无悔！因为快乐，所以幸福；因为幸福，所以坚守！排除繁杂的行政琐事，发现课堂才是真正属于自己的舞台，暖在孩子的中间才是真正的幸福！

对不起，我一直不知道你们没自信心

从早晨的国旗下讲话到语文的课前五分钟训练，都与一个词密切相关，那就是自信。"自信"从字面上来理解就是自己相信自己，原本我以为班级大部分孩子都是有自信心的，殊不知今日无意间的一次测试，我发现自己错了。对这样的一个结果，我很意外，又或许这种现象是导致班级无法发展的重要原因。

在测试中，64个孩子觉得自己自信的只有五人，孩子们的自信心到哪去啦？这学期，我比较看重班级的管理和成绩的提升，而孩子们却在一次又一次枪林弹雨中包裹自我，怀疑自我。无论是哪一个层次的孩子，他们都变得十分稳重，只能在知己知彼的情况下挑战自我，害怕心灵承受之外的挑战，殊不知失去挑战的勇气和信心才是一个人最大的失败。能看得见的目标就是能够战胜的目标，能看得见的对手就是可以战胜的对手，所以，初生牛犊不怕虎是用来形容年轻人的，而现在的00后，却失去了最宝贵的东西。

同学们，对不起，我根本不知道你们没有找到自己的平台和自信点。希望在未来的日子里，我能找到一些方法解决这个问题，让你们自信，大方！

自己把自己抬得过高，别人未必仰视你；自己把自己摆得过低，别人未必尊重你；没有人是完美的，无须遮掩自己的缺失。做人要能抬头，更要能低头。一仰一俯之间，不仅是一个姿势，更是一种态度、一种品质。逆境时抬头是一种勇气和信心；顺境时低头是一种冷静和低调。做人要有力争上游的勇气，更要有愿意低头的大气。

对不起，我一直不知道你们没有自信心，不过，我希望你们能加油！

"遵义"会议

天，突然在中午时刻放晴了，心情大好！

天气放晴，便想到外面去走走，去遛遛。下午，写了十本日记祝福本，情感已释放，大脑需放空。这样的班级活动已开展快一年了，每为一个孩子生日写祝福语，都代表着最后的留言，心中不免感伤起来。有选择高调过生日的孩子，有选择默默无闻过生日的孩子，孩子的想法是需要尊重的，所以，我们必须站在孩子的角度去思考问题。

第七节，突然想带班级的男生们到外面去散散心，但主要还是想同男生们私聊一下，增进感情。我们将地点临时由多媒体教室转到了东塔岭，在革命烈士碑前，我们召开了一个划时代的"遵义会议"。我先让男生们上下跑了两个来回，释放他们近几个星期的压力，同时挑战一下他们身体的极限。果然，两个来回足以击倒这群00后，运动结束后便躺倒在石阶上。长话短说，我在革命烈士塔前让孩子们庄严宣誓：我们班的男生是不能这么疲软下去的，每个人都应当挑战自己的极限，做最好的自己！今日，我们在这里誓师，明年我们还要到这里来还愿，真正的男儿是不能轻言放弃的！

我们从东塔岭下来，十来个"兄弟"集结到"羊肉粉"店，一路上我们欢声笑语，似乎，我们师生之间好久没有找到这样的感觉了。轻轻松松，简简单单，我们都很开心。今晚的晚读，一部分男生们似乎有一些改变，我有些欣慰，有些感动。但依然有一部分孩子懵懵懂懂，迷迷糊糊，找不到奋斗的方向和动力，我很失望，也很忧伤！

我没有能力改变所有的人，但求尽自己的能力影响一批人。做好自己的本分的事，但求良心安宁！

表扬的力量

　　在批改刘郴音的日记中无意发现了一个感动的小贴纸——是一次英语考试罗老师对她写的"有进步"三个字，她很小心地将它剪下来作为前进的动力，倍加珍惜。

　　就是这么简单的三个字，却如一缕阳光照进了孩子的心里，给予了孩子无穷的力量。其实每个孩子都很简单，思想也很单纯，在这个竞争激烈的班集体里，小伙伴们都渴望被肯定，渴望被关注，渴望被表扬。但就是这么简单的想法，却常常被我们老师们忽略。我们是物质清贫但精神却无穷富有的老师，我们的一次关心，一次鼓励，一次微笑，一句点评，一个肯定的眼神对孩子来说都是非常重要的。但很多的老师却非常吝啬，只是机械地对孩子们提过多的要求，孩子们回报老师的也是简单的答案。还记得很久以前看到过这样的一个小故事：一位非常富有的老爸在同孩子的班主任交流时提出了一个不可思议的要求——只要老师愿意每周当着全班同学表扬他的孩子三次，他愿意每月拿出1000元来感谢老师。在这个"夸张"的故事里，我们读到了一个用心良苦的父亲，也读出了我们每一个孩子都需要老师的"阳光"和"雨露"，更读出了一个老师对孩子成长的重要性。

　　走上这个岗位后，我才真正明白了"十年树木，百年树人"的真谛。一个孩子的前途，成也老师，败也老师！一个教师可以夸出一个人，但也可以毁灭一个人。这样两个极端的做法，真的让我们无法想象结果。在我的教书字典里，我选择了前者，成为我的学生应当是幸福的，我也问心无愧，无怨无悔！

其实这个孩子身上有很多优点：乐观的心态、感恩的情怀，努力的追求，我想对这个孩子说：只要你不放弃自己，老师永远都不会放弃你的！同时，我还深刻感受到表扬的力量是无穷的！

第一"牛"的老板

与其说孩子们有第一次领工资的激动和兴奋，还不如说我是世界上第一"牛"的老板——因为我请到了世界上最廉价但却最淳朴、最忠心、最率真的劳动者。

本学期对小组内部进行了重大改革——二次重建，小组长是通过毛遂自荐，上台竞选演说上岗的，小组成员是小组长挑选的。通过两三个月的磨合，孩子们已经适应了"新家"。小伙伴们没有"喜新厌旧"，而是结交了新朋友，不忘老朋友。既有原组的期待，又有新组的期待，班级的正能量在逐渐上升，我倍感欣慰！

我想，我的小伙伴们看重的并不是"月薪"的多少，而是一种责任的取舍。在平凡的岗位上，在同学们的信任中，在老班的期待下，自己似乎在一天一天地茁壮成长，得到锻炼的机会，远远高于得到的薪酬。

每个人都有自己的才华，但机会却需要自己去争取。得到机会的人，他是幸福的；等待机会的人，他是蓄势待发的；失去机会的人，他是痛苦的。人生短暂，我们不能延长生命的长度，但却可以拓宽生命的宽度。

有听到组长说：我打算将我的第一份薪酬请本组的同伴吃棒棒糖，感谢他们对我的支持，同时也寓意他们是最棒的！多么感人的举动，多么悉心的做法，相信她一定会做到更好的！

老班发"月薪"给组长和班长们，是心怀一颗感恩的心；小组长将第一份"月薪"与同伴们分享，是心怀一颗感恩的心；任何时候，我看重的永远是：孩子的情商要高于智商！这一点是必需的。常感叹于成绩好的学生冷漠，是因为我们老师没有对他们进行情商教育；常忧心于成绩好的孩子自傲，是因为小伙伴们将他们看得太重了。

无论是谁，时间会证明一切的。毕业后，大家的心还会在一起吗，只有大家彼此知道。

第一位家长给我写信

尊敬的老师：

您好！本来上次开家长会想和你好好聊聊的，见很多家长围着你，我便先离开了。谢老师，我想向你提出申请，我想让安俊彦同学中午待在家里学习，理由如下：

1. 自从调换了新的小组后，组内有几个孩子话特别多，而安俊彦又特别易受外物影响，于是同他们谈得"不亦乐乎"。这点我也一直没有干涉，虽然学习上有一些影响，但和同学关系处理得不错，打成一片，这是情商发展的表现。其实，离开原来的小组对安俊彦的打击很大，他觉得自己被抛弃了，郁闷了好长时间。他能尽快和新小组打成一片，从负面情绪里走出来也是一种磨炼，一种进步。最近，我发现安俊彦做作业的时候，只要旁边有人说话，他是管不住自己的，能不能想一个既不影响学习，又不影响他和同学交往的措施呢？我立即想到了中午让他在家里学习的方法，这一点也是我写信给您最重要的理由。

2. 安俊彦身体有点胖，体育成绩不太好，中午让他回家吃饭，这对他来说也是一种锻炼。

老师，我很佩服您的教育理念："不放弃任何一个人！"在这个分数是命根的年代，您能有这样的想法，并付诸实施，确实很伟大。安俊彦正是得益于您这个理念才进步巨大的。安俊彦最近一段时间，学习不专心，作业保量不保质，遇到不会的就上网抄，结果，成绩下浮比较大。每个人都有自己的特点，有的人自我控制能力强，能不受外物影响，自主学习，这样的人基本都是学习非常棒的。而安俊彦不是这样的人，他是比较听话的人，但主见少。上初中后，他决定要做全新的自我，突破自己，这点得益于您的功劳，我们一家人永远记得的。我的申请请您考虑，再一次感谢您对安俊彦的关照，谢谢您。

——安俊彦的父亲安波

这是我教书生涯中第一次收到家长的来信，很惊诧，很感动，也很暖心。家长的素质决定了孩子的发展，家长的教育观念决定了孩子的持续发展，我惊喜于家长这么信任我，这份信任比任何言语都好！

孩子们对老师的那份信任，是一种期待！

家长们对老师的那份信任，是一份责任！

彦，是一个有自己想法的孩子，性格具有两面性，父母对他 100％的关注，正是这份高关注，让孩子失去了很多独立发展的机会和空间。父母和老师们早已习惯于用自己的观念、思想去掌控孩子们，殊不知 00 后已不再是当年的那些乖小孩啦！他们有自己独立的观点，有新时代的自己想法，我们全心全意，尽心尽责，可结果往往事与愿违，好心办成了坏事！自小学升入初中以来，彦的转变特别大，假期积极参加社会实践活动，孩子每期都能评为"优秀实践个人"。在校与同学们参与篮球活动，课间还是讲冷笑话的高手，最近还能积极举手回答问题。他的进步是我们有目共睹的，我从内心深处为他高兴。对于他来说，教会他成为一个真正的男子汉，比什么都重要。至于学习，我对他是 100％放心，因为我相信他的自我调整能力。

新时代的家长素质越来越高了，回想现在，有家长加我微信与我沟通的，有家长与我成为 QQ 好友与我分享孩子成长的，现在还有家长发邮件给我的，家校联系可谓紧密。为了孩子们的成功，沟通永远是不可缺少的交流方式。

谢谢你，安先生，再次感谢你的信任，让我们一起努力，为彦的成长尽自己的一份责任吧。

粉色回忆中有可爱的一个你

今早看了一篇《微博教学有感》，感触颇深。

一位老师利用微博提高学生的写作能力，利用微博对学生进行班级管理，利用微博走进孩子们的内心，这似乎给予了我新的灵感。

长跑一年多来，虽然我与孩子们也有心灵的沟通，但我感觉孩子们对我的日记关注的宽度和深度还不够，没有及时的反馈和交流，就如一潭死水，只有孤芳自赏的落寞，唯我独尊的孤独，还有孤掌难鸣的尴尬。

我也不知道稚嫩的语言、真诚的内心是否能得到孩子们的肯定，但像我这样的老班应当也算是一枝独秀的。

我自认为自己是一个把教育当作事业的教师，从不为简单的教书而教书，因为我们面对的是成长中的孩子，我们的言行必须给孩子们足够的正能量！

一个积极上进的老师，他的孩子们也应当是精力充沛的。我很感谢在初中时候遇到了我的恩师——李秋秋老师。他帅气的身影，潇洒的投篮动作，精彩的课堂教学，血气方刚的处事方式，让我们那群孩子有了"初生牛犊不怕虎"的勇气。今天，我又与我的恩师同在一片蓝天下教书，我变得更加稳重了、成熟了，而我老班的风采却不减当年。篮球场上，他不亚于年轻的孩子；教室内，他幽默的教学风格依然引人入胜。每每在课堂上与孩子们尽情欢笑时，昨日的情景似乎重现于眼前。我想起了我的同桌，我想起了与我每天回家的路友，我想起了与我同甘共苦的战友，我想起了我的闺蜜们，想起了专属于自己的青涩年华……

所以，我的日记打算进行改革，在日记的下面，我会给大家留有一块

"黄金地"，小伙伴们可以给老师点评、留言、说说自己的心里话，可以不留名，可以留笔名，也可以留真名。请大家多多支持我，让我听到更多真实的声音！你的留言，也将成为老师永久的回忆！希望我的粉色回忆中有可爱的一个你！

三周岁的思绪

——你们都是老班的孩子

时间都到哪去了，

转眼，班级三周岁了。

三年来，

我们有着一个共同的名字，

孩子们，你们知道吗？

老班一直把这三个数字诠释为：爱我所爱！

时间都到哪去了，

转眼，班级有了它的第三个生日蛋糕，

临近毕业了，

小伙伴们即将各奔东西，

偌大的校园，温馨的教室，

只将留下你们的回忆，

孩子们，你们知道吗？

无论未来你们身处何地，

班级都因你的存在而温暖！

时间都到哪去了，

转眼，三年的嬉闹，斗嘴，暖心即将结束，

你们将带着自己的梦想重新启航，

请别忘了，

南塔岭下，郴江河畔，

有你们需要深埋心底的母校，

有一个叫娜娜的女孩，

只要你们回来，

她亦是幸福的！

时间都到哪去了，

转眼，

梦里故乡，

植物园里，

沙滩公园，

钓虾山庄，

飞天山上，

我家厨房，

都留下了专属我们的共同回忆！

有一点遗憾，

我们缺失了一段回忆；

有一些幸运，

我们都爱闹爱玩。

三年来，

我们兑现了我们的承诺：

像蚂蚁一样团结，

像蜜蜂一样勤劳，

像蝴蝶一样快乐！

班级虽不是最棒的，

但却是最暖心的。

总在离别之际，

大家彼此依恋；

总在毕业前期，

大家彼此珍惜！

第三个生日里，

我想许下这样的心愿：

学业有成是老班对你们的期待，

天天开心是老班对你们的祝福，

常回家看看是老班对你们的念想。

我希望你们都能明白：

你们都是老班的孩子，

是老班三年悉心培养的孩子，

无论结果如何，

你们都是我的骄傲！

恰同学少年

又一批相处了三年的学生要离我而去了，平时我表扬过也批评过你们，爱过也"恨"过你们，但是到现在，我更多的是要感谢你们！因为三年来，我从你们身上也学到了很多东西。我们在一起的欢声笑语，我们所面对的一切，都将暂时地封存，留给我们的是那份沉甸甸的回忆。班级的每一个幸福的成员，都将成为班级永远的回忆。

这是一种怎样的日复一日啊？抬头听课，低头写字，重复地往后递着一套又一套卷子。吃饭、睡觉，学习，三点一线。每天都惊人的相似，除了倒计时牌剩余的天数越来越少。我不停地向前走着，一路还带着小跑，然后突然在人潮拥挤的道路上停下来。

那么多人。那么多人我凭什么坚定地踏着每一个步伐稳健地向前走去。

那么多声音。那么多声音我凭什么安定地相信自己一定会遵从内心的脉搏。是一片漆黑的夜空，黑色的苍穹以我无法企及的速度远离。你曾经坚定不移的乐观现在到哪去了？就算倚着铁壁，内心依然疼痛难忍，拿什么继续下去？

可在这长长的甬道里，身边总有一种温暖告诉我，我不是一个人。总有一些光亮不会熄灭，就像夏夜里那漫天飞舞的萤火虫尾翼的亮光一样，永远不会被夜色席卷。无论多么深沉的夜。

我庆幸着，我遇见了你们——我继续向前的力量，我如此深爱的你们。

我爱你们低眼看书的炽热。

我爱你们咬着笔尖的傻样。

我爱你们将发丝一圈圈绕在手指上。

我爱你们起着薄茧的指尖在一页页书中滑过。

我爱你们的书页被吱吱的风扇吹起一个角。

我爱你们花花绿绿的便利贴占满了整个课桌。

我爱你们撩起厚厚的刘海，只因解不开一道难题而不顾形象地跺脚。

我爱你们每天叽叽喳喳聊个不停，却在学习时沉静得如一潭湖水。

我爱你们内心那头倔强的小兽。

我爱你们握着笔像个战士，站在暖色光芒里。

我爱你们的任性、矫情、叛逆却永远自信、乐观，无所畏惧。

我爱你们明明失望还傻傻一笑说 Don't worry，再来一次，再来一次。

六月袭来，栀子花怎么也裹不住的香气在校园中溢散，如此热烈地撞进每个人的鼻腔，宣告中考的来临。那么我们何以为继？唯有继以热情，继以感激。

我们一起坚持着继续，这本身就是一种美好。

毕业的那一天，一定要在校门口合影。虽然母校不能像北大清华那样给你荣耀与光环，但母校一定会像母亲一样赋予你温暖与期待。我希望你们从这里出去，还能记得252班的班训"矗"，还能记住班级的奋斗目标"像蜜蜂一样勤劳，像蝴蝶一样幸福，像蚂蚁一样团结"，这是我们一生好运的"幸福密码"！世上没有那么多伯乐，进入高中后要学会自己经营自己，听从自己内心的声音，挖掘自己的核心价值，把自己打造成独一无二的品牌，不做第一，就做唯一。记得留下每一个你觉得应该是朋友的联系方式，然后把你的电话或 QQ 给他们，你要明白他们中的某些人，也许是你最后一次能见到了！

亲们，树都可以去旅行，你只要有信念，只要出发，就一定可以到达下一站的幸福！当初你是"一不小心"编入到252班，现在你又将"一不小心"离开252班。我很想祝福你"一路顺风"，但是我更想提醒你"一路珍重"！

好好珍惜现在吧，其实一辈子真的不长，等哪天醒来，或许我们都老了。

让学生因我的存在而感到幸福

　　我怀着无比激动的心情参加了全国教育名家李镇西教育思想与班主任心理综合素质培养的报告会，终于见到了这位号称"南李北魏"的传奇人物。他身上到底有一种什么样的力量，被苏霍姆林斯基的女儿称作"中国式的苏霍姆林斯基"。我很好奇，也很期待。

　　短短的二个半小时，我被他的故事所吸引。在他的身上，我感受到了一份用心的教育，一份期待的教育，一份幸福的教育。

　　李老师常将这样的一句话挂在嘴边：幸福比优秀更重要！我们的教育要回到朴素的起点，要学会坚守良知，教育的本身给予了我们很多的幸福，各项荣誉已不重要。优秀与否由别人来评价，幸福与否由自己来把控。

　　我们带一届学生往往是三年，三年的相处与相知，或许我们会忘记了为何出发？我们应当信奉一句：让人们因我的存在而感到幸福！李老师对职业幸福感的认识我特别欣赏：能够给我的学生留下充满人性的温馨记忆，就是我的教育追求；如果他们感到在李老师身边生活的三年，是他们生命中一段阳光灿烂的日子，我便有了职业的幸福。我们应当学会让每一个从我们身边走出去的人都拥有终身幸福的精神生活，如果我们只盯着少数学生能否考上大学，这是教育最大的悲哀，结局也是非常尴尬的。

　　教育，其实是一种依恋，也是一种博爱。当我们听说在他的教育下，他的学生创作了《长大后我就成了你》的篇章时，教育其实就是一种传承。我们对于孩子的意义，在于对他人生的导航。其实，我们在帮助学生的同时，也应欣喜自己的成长。我特别欣赏李镇西老师对"最优秀学生"的诠释：做最好的自己，就是最优秀的学生。我也希望从自己身边走出去的每一个学生都是独一无二的自己！所以，学校的每一位教师应保持从容的气度与平和的心态，学校应有自己的风骨与尊严！

最后，我想以这样一句话与大家共勉：让学生因我的存在而感到幸福！

课堂念想

课改，我在路上

自 2012 年下期开始，我踏上了学校课堂改革的专项列车。那一步，误入藕花深处。自此，癫狂与坚守，浪漫与理性，次第开放。

从第一次接触班级文化、小组建设到后来的 ABC 共同体、兵练兵，兵强兵的模式，我觉得自己与孩子们共同成长与转型。在坚定课改前进的脚步，实现了华丽的转身。在我的课改日记中，我欣喜地看到了自己对课堂教学的反思，对班级管理的改革，对新理念的实施与探索，每一篇日记，都有我成长的印记。

有时候你在课堂中刻意追求一种教育效果，或许不一定能成功；有时候，无意间生成的资源，却倍感珍惜。课堂中智慧的碰撞，思维的交流，知识的共鸣总能让我寻找到一份感动。未来的课堂中，课桌换了，学习方式不会变；对象变了，学习激情不会减；教材改了，学习模式不会动。

课改需要勇气和坚守，真正让我们老师期待的是课堂新生成的资源，是那份突如其来的感动。我也曾有过迷失，有过彷徨，有过纠结，但幸运的是我一直在路上！

语文课堂的大胆尝试

在课堂教学中，最可怕的是日复一日，年复一年的重复劳动，如果我们要让课堂的利益最大化，实现高效教学，必须从我们的课堂 40 分钟要质量。语文教材的单元内容设计有它的规律，而我却常常根据不同的文体，开始不同的尝试。新的授课方式给我们带来了新的收获和反思，我也开始在我的课堂中有了新的思考与领悟。

（1）精读课文，导学案引导，自主学习突破。

在课堂中，我们引导学生按导学案设计的思路，让学生从自主学习到共同体讨论，再到组内小展示，最后到课堂大展示。教师只需在课堂中点拨即可，所有问题全部在学生从独学到群学的过程中解决。课堂的模式固定后，孩子们只需按导学案的思路去做、去学、去讨论，去总结。有时候一节课下来，总觉得自己还有许多话未说，可问题却被孩子们逐一解决了，我的补充似乎成了"画蛇添足"。

（2）自读课文，教师课前引导，学生尝试独立授课。

开学初，我让各小组各选一篇自读课文，分时间段安排他们独立授课。初期，我在课前指导他们，课中紧紧跟随他们，课后再补充大量知识，这一做法让他们深感厌恶。他们集体对我质疑：请问老师，这就是你所谓的放手吗？我们几乎是被你牵着鼻子走的，我们的授课权在哪里？自此之后，只要是他们的课堂，我就不来教室，将这亩"三分田"交由孩子们。课后，我从与课代表的交流中意外得知：同学们的积极性出奇高涨，课堂学习气氛也不同往常，内心不禁欣喜。自读课文的放手让我深刻明白了：退一步海阔天空，孩子们的潜能是无限的，你给学生一个舞台，他们就还你一份精彩。

（3）试卷分析课，各组分担讲解任务，学生用自己的语言去讲解题目。

我在试卷批改上也做了重大改革，由原来面批课代表的试卷，到后来的群批语文小组长的试卷，再到现在转型为学生自主先讲再批的形式，这次转型成效十分突出。每次测试由四个组承担讲解任务，他们需在组内将答案讨论、订正，还可以吸收外来资源作为补充。从课内题到课外题，学生都能正确讲解，其他组可以补充自己的看法，大家在讲解和补充中将答案追求得尽善尽美。每个孩子可以自批，也可以在共同体中交换批阅，但最后试卷都需上交备查，我的角色是"督促官"，归纳、整合学生出错的共性，再统一补充讲解。课改的模式让我轻松了很多，我的作业95％都是在教室里批阅，从不停留在办公桌上，这样既享受了课改的轻松，又充分给予了孩子们自主的机会，何乐而不为呢？但随着八年级学习任务的加重，孩子们的课余时间完全被作业所牵引，失去了很多自主学习时间，学生们根本没有精力去发展自我，这样的现象值得我们课改一线的教师深思。长期下去，我们的课堂又会走向教师"一言堂"的模式，回归到传统教育，那么，我们前期的努力就会付诸东流！

（4）课前的语言训练习以为常，成了常规训练。

单周课前五分钟，各组轮流由一名同学为大家推荐一个哲理故事或一篇精美小品文；双周由各组同学轮流担任"小老师"分享讲解4—5个成语，再让同学们运用成语造句。培养学生的语文素养是一个积少成多，日积月累的过程，通过这样长期的训练，充分地提高了学生们的表达能力，有效地提高了学生们的写作能力。在实践中了解到，我们的学生非常珍惜上台当"小老师"的机会，一个学期轮流只有两三次，"粉丝"越多的学生，自信心就越强。其实，我们课堂的有效教学是从学生的分担开始的。

（5）复习阶段，进行抽测训练。

抽测"老师"为课代表，抽测内容为古诗句或文言字词，有计划地将庞大的复习内容进行分解，根据难度抽测共同体中的1、2、3号。教师的随机抽查，孩子们蠢蠢欲动，既达到了抽测的目的，又增强了团队的作战意识，还让我们有效地掌握了不同层次学生的学习情况。

在平时的教学中，我追求的课堂成功与失败标准是：不是看自己今天是否侃侃而谈，而是关注今天的课堂有多少个孩子举手，有多少个孩子上台展示了，孩子们今天的学习是否是有效学习？我常常想：当我们上完一堂课后，闭上双眼脑海里全是教师自己精彩的镜头，这堂课一定是失败了；反之，若全是学生的精彩的画面，这堂课就成功了。

我们不能把握课堂的长度，但我们却能拓宽课堂的宽度。

我们不能将知识强加给孩子们，但我们却能用自己的智慧引领他们朝着太阳的方向奔跑。

我们不能给予孩子们物质上的幸福，但我们却能与孩子们分享精神上的幸福。

给孩子们一双爬山虎的脚，我们就能看到一片绿色；给孩子们一对蝴蝶的翅膀，我们就能处处闻到芳香。课改的幸福其实就是这么简单，我也由初探者逐渐走向课改的深水区。如今，我希望能有强大的理论做根基，希望能有强大的团队做战友，希望能有宽松的环境做尝试，虽然未来的结果谁都未知，但我会坚持下去，因为我在课改的路上。

专家引领　课改渐进

为了顺利开展课改活动，学校特邀了全国课改先进单位、课改名校——山东省杜郎口中学的专家团队来校讲学。此次交流活动开展得有条不紊，首先，杜郎口中学的三位一线教师现场展示了观念先进、形式新颖、内容精彩的语数外三堂课改示范课，并针对我区在推进课堂教学改革中所碰到的新问题新情况，与参会老师进行了深入的交流和探讨。然后，山东杜郎口中学课改研究室孙海军主任做了精彩的报告，与我们分享了课堂改革的创新理念、管理方式和课堂模式。

在这次活动中，我们采用"课堂观摩""品课互动""聆听讲座""质询答疑"等模式与专家们进行了面对面的交流，受益匪浅。我们坚信，学校推行的"自主·评价式"教学模式将会在未来更上一个台阶，为学校的课堂教学改革添砖加瓦。

杜郎口中学的史老师对我的课堂进行了点评，让我有一种如获至宝的感觉。面向全体，解放学生，相信学生，发展学生，这是我们追逐的目标。所以，任何方式都有利有弊，我们作为教师应当学会思考，学会适应，因为学生是我们的上帝，我们做的是培养人的事业。专家引领，课改渐进，敢于挑战，终能成功！每个人都要定好自己的位置：每个学生都是课堂的主角。

精彩的瞬间

（一）

我又出师了！

一组的学生今天顺利、精彩地完成了《音乐巨人贝多芬》的第一课时教学。虽然他们的教法不成熟，课堂气氛还有一些沉闷，但孩子精彩的开场白，娴熟运用多媒体技术的能力，课堂小细节的精心设置等都出乎我的意料。

我想说，只要你相信学生，他们就能创造奇迹！给他们一个舞台，他们就能精彩演绎；给他们一个支点，他们就能撬起地球。我越来越感受到放手的重要性，因为现在的学生有超出我们想象的能力。我喜欢学校推行的小组管理模式，因为它既解放了老师，又解放了学生，让我们的课堂达到了教学相长的目的！

课后，我给予了学生们高度的评价，他们十分开心！我对他们的评价是对他们的一种肯定，而他们享受的却是自己的成长过程。我也采访了今天的主角——张文贶、曹燕、付颖，他们感触最多的还是站在讲台上的感受。他们似乎体会到了教书的艰难，发现上课并非他们想象的那么简单，需要很多的智慧和技巧。师生互换角色，让孩子们体验一下教师的生活，会让我们彼此更加理解！感谢一组的辛勤付出，相信这样的第一次，也会成为你们最难忘的回忆！我坐在学生们的位置上，重新当一回学生感受这样美妙的课堂，挺好的！

（二）

在七年级的家长对外开放日里，五位家长自告奋勇前来听课，家长们的支持就是对我们最大的鼓励。为了能让家长们更好地理解我们的工作，我特意为家长们准备了校长签名的"专属日记"。在这个物欲横流的社会，它可能一文不值，但它却是我几个月心血的结晶，日记里有着许多与孩子们的故事，每一个篇章都记录着我与孩子们相处时的点点滴滴，它可是我与孩子们的"至爱"。我很喜欢孩子们每天等待我日记"新鲜出炉"时的眼神，现在只要是我更换了日记，下课后必有"粉丝"。感谢你们，老师为拥有你们这些粉丝变得更有力量，变得更有激情，老师因为你们变得有故事，是你们成就了老师的今天和未来！

有家长到教室里听课，其实并没有影响到孩子们上课的情绪，孩子们反而更有表现欲！今天的数学课，我觉得老师的授课思路特别清晰，孩子们的收获也特别大，这样的课堂就是真正的有效课堂！再如今天的英语课，整个课堂学生们都激情万丈，课堂互动参与高达 90％以上，这是我见过最疯狂的英语课堂，老师在课堂中也变得幽默、趣味化，整个课堂行云流水，完美无缺。

（三）

在开放日家长交流会上，我们班的家长发言很积极，发言的内容也令人感动。曹鑫欣的爷爷对我们学校的评价很高，对我的工作也给予了高度的肯定；何易芳的外婆更是热泪盈眶，现场几次流泪；安俊彦的老爸更是感叹选择八中就是一次无悔的选择！谢谢你们，感谢一路有你们！

愿每一天都那么的精彩！

授人以鱼不如授人以渔

现在班级中的小老师越来越多了，数学学科的"一对一"帮扶效果很明显，在平等的环境下，在友谊的感召下，在亲密的接触下，兵练兵，兵强兵的模式出来了，既增强了"教者"的自信心，又将"落后生"拉上来了一大步，老师也图了一个清闲，何乐而不为呢？外国有这样一句谚语：帮助别人，也快乐了自己！

黑板上密密麻麻展示的是孩子们辛勤的耕耘，粉笔粉身碎骨也挥洒自如。争议声很大，那是他们思维碰撞的火花；关注度很高，那是他们"柳暗花明又一村"的前奏。看着这群孩子自觉性的日益增强和独学能力的日趋提升，我的压力似乎减轻了一大半。"授人以鱼不如授人以渔"，从扶跑到放手跑，这就是一个成长过程，也是一个自我突破的过程，更是一个重塑自我的过程。每个小组就如一个大家庭，朝夕相处，亲如姊妹，其乐融融！

作为旁观者，作为见证人，作为引路人，我是真正感受到课改的乐趣，我对教育生涯已有了一个全新的定位。不忘初心，砥砺前行。

让"阅读"成为"悦读"

让思想飞一会，让"阅读"成为"悦读"。当我在语文教学中彰显阅读的重要性时，语文教学便像花儿一样开放，课堂充满了挑战性和未知性，我喜欢这样有生命力的课堂。

为了让文本的内容吸引学生，我大胆放手让学生去"大浪淘沙"，整合资源。在孩子们美词美句美法美悟的赏析中，我发现孩子们更容易接受相同年纪推荐的作品，文本内容直戳人心。如美文《最初的温暖》拉近了与孩子们的距离，小女孩的一句"你是我最好的同桌"温暖了小男孩的一生，也温暖了大部分的孩子。青春懵懂期的孩子，喜欢阅读与自己成长经历相似的作品，正能量多的作品往往能较好地激励孩子，引导孩子。一篇阅读文章可从解题和赏析两个方面训练，"一箭双雕"，何乐而不为呢？在独学中学会赏析，在共同体内学会交流，在小组内学会分享，在班级中学会展示。当前的课堂挺积极的，但个人展示还不够活跃。一千个读者就有一千个哈姆雷特，在刚开始阶段，少部分同学的赏析还是存在困难的。但我坚信，良好的阅读习惯和阅读方式就是对学生语文素养好的提升。

暗青的印刷纸上，学生们写满了笔记，如黑夜里闪闪的星星，那是孩子们思维的火花，那是孩子们真情的告白，那是孩子们睿智的感悟。在美词的赏析中，孩子们领悟到了"四两拨千斤"的魅力，每一个选词的背后，都是作者一次用心良苦的推敲。在美句或美段的赏析中，孩子们懂得了"文章技法"的博大精深；挖掘文本写作手法上的技巧，让学生感悟到文本如棋的严谨，又体会到文本如诗的浪漫；在美悟的赏析中，孩子们找寻到了"有自己的声音"的快乐……这块心灵的栖息地，就是孩子们成长的港湾。

在阅读转型到"悦读"的教学中，孩子们成长的过程很慢，也很曲折，我学会了蹲下身来，静听花开花落。

"悦读"教学，不再是梦想，它其实就在我们身边……

语文的味道

武汉市武珞路中学的李劢老师说："真正的人才是跳出来的，不是挑出来的；语文的味道是品出来的，不是说出来的！"而我想说："好的语文课是用教师的态度教出来的。"今天课堂带给我们的洗礼来得那么震撼人心，那么酣畅淋漓！很久都没听过这样的语文课了，我很激动，也很欣喜：动感情，见真情；小课堂，大境界；真性情，真语文！

在李劢老师说课之后，我对她有了一种膜拜的感觉。我特别欣赏她说的一句话："文本虽然带我们走进了秋天的怀念，但我们却走不进怀念的秋天。"文本中有艰辛的苦难，倔强的成长，更有母爱的宣扬，人生的思考！轮椅上的微笑重追悔，重怀念，最后那一组图，最灿烂的微笑足以解读文本。在李老师的课堂中，有我们的母亲，我们的思考，我们的秋天，我们的怀念。我想对李老师说：你的课堂引发了我们的共鸣，我们在你多种朗读的教学中变得心心相印，我们听出了你对作者的那份尊敬，对文本的那份尊重。你的真性情，担负起了语文教学的真正使命。当你谈及"怕对不起作者，怕对不起文本"时，这是我在教学中从未想过的问题，却在你的课堂中被唤醒！

有老师评价你的课堂是以文达语，我也从你的用心中感悟到你的动情；正因为你的动情，我们被感动了；正因为我们感动，课堂便出彩了！其实，我们在你的课堂中，读懂了秋天的怀念，也读懂了怀念中的秋天。

又有老师评价你的课堂并未引导学生拼命地捶打文字，而是引领学生拼命地捶打内心，这是一种从未有过的大境界。在多种样式的朗读中，让学生读中品情，读中悟情。教师灵动的巧妙设计，让品词析句变得整体性，人文性和工具性也显得和谐统一，课堂中激励性的赞扬，励志性的教育都融为一体。

老师还从感性、感动、感激三方面来表达自己的难以控制的情感。一个"好好儿活"引发了在场中年人的共鸣，一份"上有老，下有小"的责任感油然而生。

因为有一个好老师，孩子们记住了老师；因为有一个好老师，孩子们记住了学校的老师。一个人的成长过程中要有对生命领悟的积累，一课一得，得得相连。

我不能忘记李劢老师感染性的教学：那种煽情是一种舒服的感觉，那种微笑是一种温暖的鼓励，那种追问是一种积极的思考。

我想：作为一名语文教育工作者，我们需要诗意地行走于世间，三尺讲台上，一定有比分数更重要的东西！

体验才是最好的老师

体验才是最好的老师，这是近段时间感悟教学最深的一句话。

作为师者，就是要对学生放手，对学生宽容，给学生失败的体验。没有人会随随便便成功，也没有人会总是失败，所以我们在给予孩子们勇气时，也要点燃孩子们心中的那盏灯。

最近因母亲腰椎疼痛，家中的一些杂碎琐事便自然落在我的身上。原本以为是一些小事，殊不知挺劳累的。几年没干家务活了，终究深深体会到了父母的艰辛，也深深懂得了父母对我们工作的理解和支持！心中顿生惭愧之心，念想到过去的不孝，竟有些惴惴不安起来。做一个孝顺的儿女，也是一个师者要传承给孩子们的品质！

我们现在的课堂教学改革不正是一种体验性学习吗？在讨论中思考，在思考中学习，学生真正参与了课堂，才是成功的课堂教学。现在流行的微课，翻转课堂都注重培养学生的自学能力，自主学习都是体验式学习，这种学习模式受广大学生的青睐，势在必行！

体验式学习，就是让学生真正参与学习的过程，这一点非常重要。拿语文教学来说，你想让学生体验文章的情感，你必须让学生多思多悟，如果只有单一的传授，学生怎能体会到文章的情感？再拿英语教学来说，你要让学生学好英语，那就必须让学生开口说英语，读英语。又拿开车来说吧，我是一个手执驾照而不擅开车的假把式，但最近磨炼多了，竟有轻车熟路的感觉，这就是生活中的体验式学习。再拿学炒菜这件事，"纸上谈兵终觉浅，绝知此事要躬行"，正所谓实践比什么都重要！

体验才是最好的老师！

自己出卷
——教学相长也

这两天学生挺忙的，忙啥呢？体验老师出卷的感觉。

开始我并没有想到要加入到他们的行列，后来觉得挺无聊的，不如也参加这次活动。因为不知会抽到"何方神圣"的试卷，作为老师身份的我还是有些紧张的。

大家忙碌了一天，我们通过抽签这种公平、公正的方法进行互测。我抽中了学生罗湘成制作的试卷，学生刘郴音则抽中了我的试卷。虽说平时我也编写了许多试卷，但像这样的缘分还是挺值得回忆的！有些学生欢呼雀跃，有些学生满脸郁闷，有的学生居然抽中了自己的试卷。同自己对话，这种感觉一定既兴奋又失落，因为失去了一次交友和挑战自己的机会，又或许自己才是自己最大的敌人。陈俊杰同学抽中自己的试卷，得分仅为 75 分，这不还需要挑战自我吗？

我利用最短的时间完成了答卷，但没有十足的把握。因为罗湘成同学阅卷的失误，我的成绩被判定为 76 分，这成绩糟糕得让我无地自容。没想到今早又有喜讯，原来他将我的分数算错了，我的分数直升到 92 分。我的光辉形象惨遭破坏，我该向谁去申冤呢？一次与生同乐的测试，一次跌宕起伏的批阅，我在挑战中成长，在反思中感悟。我不也没拿满分吗？争取下次吧，这样的上升挺好的！

这次出卷活动，对我和学生们来说都是一次难忘的回忆。所有的失误都让我们去总结吧，所有的快乐都让我们留在记忆中吧。我希望这样的互动学习能够一直继续！感谢课代表蒋欣同学打开了我的思路，我相信，只要孩子们愿学、乐学，再忙、再累那都不是问题。

请大家多多为老师献计献策，我喜欢教学相长的感觉。

导学案要走向课程

今天，学校开展了《导学案的设计与运用》的研讨会活动，我们迎来了市、区两级领导。

在今天的研讨活动中，给予我们深思的东西也有很多。因为交流，碰撞出很多新生成的资源，受益匪浅。

我收获了几个新概念，几个新理念。

"学科核心素养"这个概念是我第二次接触，有些陌生，也有些熟悉。我们教学目标一直在改，说法也在相继发生变化。由过去的"双基"到"三维目标"，再到当前的"学科核心素养"，我只能感悟到语文的教学已经上升到学生素养的一种培养，而不再是简单的听、说、读、写能力的培养。

郴州市市教科院的廖小平院长，他对我们学校课改的评价定性为"一场悄悄地改革"，他对我们执着的追求表示肯定，也对我们的行为进行了引领。他将我们对导学案的改革定性为与课程关系的初探，我觉得非常有新意。如果我们落实"从课文走向课程，从学案走向课程，从课堂走向课程"问题，相信我们的研究是有价值的！

我特别欣赏这样的一句话"导学案是国家教材的校本化"，这样因材施教，因地制宜的课堂改革才是最有效的行为。我们的教学不能只站在课堂的角度去思考问题，要有意识地去寻找提高教学效果的有效行为，让学生的体验成为真实的体验。其实，有新生成资源的课堂才是令我们激动万分的课堂，我们的备课只是拟定孩子们的学习路径，教案也只是预设，但课堂中新生成的东西却无法预料，作为一名教师，要有心，要智慧地处理新生成的东西，这样的收获才是最真实、最实惠的收获。

导学案要考虑三个问题：教什么，教的程度，怎么教；学什么，学的程度，怎么学。导学案最终要走向课程，必须要突破课程标准，我们更要思考选入的教材在整个初中阶段的重要性及意义。

第一次关注到文本选入的意义，第一次懂得道与技的关系为"合乎道，近乎技"。

我想，导学案最高的境界是需要走向课程的。

校长突袭我的课堂

这天，校长突袭我的课堂，一切来得那么突然，一切来得那么不经意。

这回，我没有时间紧张，没有时间纠结，因为一切来得太突然了。

《伟大的悲剧》这篇课文有一定的挑战难度，但一切只能继续，没有选择的余地。与其说斯科特他们的故事是悲剧，校长今天对我的突袭也算是一个"悲剧"吧。

课堂中，训练有素的孩子们似乎适应了这种模式，讨论中居然自我陶醉，展示中有模有样，有些孩子甚至还能读懂我的眼神。嘿嘿，我们的默契度瞬间升级，这可是重大进步喔。整个课堂，我都被学生们护着，他们的自信，他们的激烈讨论，他们的精彩展示，让整个课堂行云流水，有条不紊。我按着既定的模式，放手让学生去发掘，去讨论，去展示，学生们的能力似乎得到了很大的提高。

下课后，我主动到校长办公室接受领导的点评，没想到校长说无须点评，只送了我一句话："挺好的！"校长言简意赅的话给予了我信心，让我坚定了自己的方向和选择，我会在课改的路上一如既往的前行，坚定前行！在班主任下班时间里，我忍不住将我的快乐与孩子们分享，他们自己似乎也感觉到自己的进步和提升。同学们，让我们一起快乐地走下去吧！

诗歌自主复习新模式

白日的那一缕阳光似乎照亮了我的整个课堂，孩子们自主收集的各项诗歌复习题目在我眼前一亮，打开了我的教学思维，也点燃了孩子们的学习热情，开启了诗歌自主复习新模式。

课堂无意间的放手，犹如在寒冬中拥抱了一缕阳光，犹如饥饿中得到馈赠的一块面包，欣喜若狂而又沉醉其中。这份意外的收获来源于朋友的一句快乐分享："我们班在考前自主猜作文题六个，居然中了一模一样的题目，六分之一的命中率也让班级在考试中大获全胜！"

我是该羡慕他们的成绩，还是该钦佩老师的睿智。最终选择的是效仿他们备考前的复习方法。在胜利的光环中，要看到别人成功的捷径，老师是一名有智慧的老师，我们要做一名智者，教学方法上的"拿来主义"明显不切合实际，然而别人实践中总结的成功做法却尤为宝贵。作为听者，你得到的不仅是一个结果，而是得到一种结果之前的思维方式和思维能力。我很庆幸自己善于在别人的经验上举一反三，寻找到适合自己的新的教学方式，并敢于大胆尝试。在课堂教学中大胆地迈出一小步，收获到的就是孩子们能力上的无限可能性。整整两堂课，我在孩子们设计的问题中，教育的灵感和激情被激发，我如一个快乐的精灵，在孩子们新谱写的乐曲中演奏新的篇章。

过去的复习都是索然无味的，传统的复习都是教师引领为主的，大部分老师在新课教学中不敢放手，在复习教学中依然是天天搀扶，你说这样的孩子多久才能在自己的天地中奔跑起来。

在课堂教学改革的道路中，或许孩子们刚开始是跑得慢些，因为他们有一个自我领悟的阶段，他们需要在 N 个失败的体验中才能找到属于自己的学习方法。方法比努力更重要，清晰地走远比盲目地跑更重要。所以我要首先成为一名清醒而又睿智的师者，这样才能引领学生精学巧干，大胆放手，敢于创新，让学生展开稚嫩的羽翼，开启"搏击天空"的奋斗模式，享受青春拼搏的激情，寻找划过蓝天的弧线。

走一步，再走一步，每天不一样，形成独具特色的教学方式。诗歌自主复习新模式，挺好的！

词五首赏析分享会

——不一样的你们，不一样的烟火

掌声不断，笑声不停，时而愁苦万千，时而温情万丈，这就是今天的课堂语文晚自习。作为一名语文老师，不要吝啬学生们读书分享会的时间，培养学生有思想，敢表达的能力才是最重要的。语文教学应当如春风般滋润幼苗的成长，绝非揠苗助长。单一的说教，不能满足学生各抒己见的愿望。在学生情窦初开的年龄，不要单一地引导学生只在乎文本的内容，更应当透过文本，挖掘文本的内涵，在情感、主题、人物认识上拓展延伸。

此次分享会通过小组初选，共有 26 名同学参与，参与率已达 60%，再加上五位科代表直通决赛，同学们对比赛充满期待。我们的活动被冠名为"读书分享会，快乐大本营"，因为我是南塔岭下的"娜可不一样"。何灵不在，没有关系，我正好可以"自导自编"；张杰没来，也没有关系，我正好可以"自得其乐"。我是属于 275 班快乐大本营的主持人谢娜，所以，我应当有自己的风格。

单看作品的名字，就别有一番韵味，我喜欢孩子们独树一帜的偏爱，当个人的文学素养与大师们的思想深度融合时，你会发现孩子们在这个年龄，对传统的经典作品有不一样的思考。我们不要小觑了这些孩子的思想，他们因生活体验、文学涵养等各方面的不同而有自己独特的认识。我喜欢曾思颖同学笔下激情万丈的《狂》，喜欢黄瑶同学对词痴迷成疯的《千帆过尽，谁的痴念成空》，喜欢张冰鑫同学淡淡的《深闺妇》，喜欢资乐同学《假如我看到了你的世界》的心有灵犀，喜欢杨琰同学《等等的 N 次方》的创意出奇，喜欢贺建磊同学《归无计》里的一声长叹，喜欢张森毓同学《归来罢》直抒胸臆的真情告白，喜欢谢雪珍同学大我情怀的《凉凉》，喜欢陈志明同学《余生的抵抗》的傲骨，喜欢黄豪杰同学《梦忆且空归》的绵绵惆怅，喜欢段文政同学花落成泥碾作尘的《尘尽》，喜欢袁世俐同学《抚青剑》的大气磅礴，喜欢刘越同学《君归未有期，殇染江南》的幽怨，喜欢资行同学《晚亭风》中的豪气，喜欢袁雨萱同学《执念》之中的肝肠寸断，喜欢段颖同学《望心》中的心心念念……

分享会结束后，课代表张双同学从个人喜好方面进行了个体点评，曹博洪同学则从全局观给予活动高度的肯定，并列举个别作品发表自己的感想，我对所有孩子的表现都很满意，因为他们都是最棒的。

对于九年级的孩子，"三观"已初步形成，我们要学会放手，敢于放手，不要因进入毕业班，从而扼杀了孩子们的表现欲望，禁锢了他们的思想。我们应当要让他们的思想飞一会，从而直冲云霄。

孩子们，放心，在我的课堂里，你们永远是主角，课程的主人，不一样的你们，不一样的烟火！

情景剧

——《唐雎不辱使命》

　　九年级的教学模式已调整为加快加难，我们都知道《唐雎不辱使命》这篇课文可以用情景剧来展演，但每届毕业生，又有多少孩子愿意浪费时间，折腾自己呢？每一轮教学，又有多少教师愿意留有时间，让孩子们开心展演呢？而我坚定了内心的想法，每一组必须落实情景剧的表演。我也做好了最坏的打算，孩子们流于形式也好，敷衍了事也罢，教师的理念不能随意改变。既然选择了尝试，就应当全力以赴。教师在自己的决定上稍打折扣，孩子们便会犹豫不决，教师果断的态度就是给予孩子们信心。

　　七组是最先选择表演的，刘潇琳同学饰演的女版秦王娇横傲气，李为轩同学则将唐雎的智勇双全，不卑不亢表现得淋漓尽致。接着，我们迎来了六组与八组的第一次合作表演，他们通过上网查阅资料，大胆地拓展了教材内容，将人物矛盾放在了更为具体的环境中。为了让更多的同学都参与到此次表演中，孩子们将秦王与唐雎三个回合的斗争情节轮换了三组人，这充分体现了孩子们的创意。这样不同形式的轮换表演，既体现了资源共享的合作交流，又分版块展现了多人的表演天赋。此次活动，孩子们在表演中深刻领悟文本，也在经典剧本中享受表演，快乐与激情共存，掌声如雷，赞美声接连不断。三组的表演更逼真，贺建磊同学入情入镜，在表演"秦王色挠"时，"扑通"一声，跪在刘俊雄同学饰演的唐雎面前苦苦哀求，道歉。刹那间，我对磊磊同学肃然起敬，这样能屈能伸的孩子真的不多，此孩子必成大器也。常说"男儿"膝下有黄金，但这样的一跪，却彰显了胸襟和气度。孩子们都很聪明，利尽其材，每个人都扮演着自己喜欢的角色，哪怕是一句旁白也用心对待，不敢马虎。第八小组和第五小组的表演走"幽默路线"，方言与塑料普通话相结合，夸张的动作和语调相搭配精彩极了，杨琰同学一脸正气的旁白，袁世俐和资乐的第一次合作，资行与王廷昭俩的第一次错搭，让观众们时而前俯后仰，时而泪流满面。

我很珍惜这些宝贵的时光，所有的快乐都成为永恒，所有的记忆都铭记于心。

文本，因情景剧的表演变得更有生命力。

"善"的表情包

——教《隆中对》落此文

"孤之有孔明，如鱼之有水也。"在教完《隆中对》后，我特别喜欢这一句。每每回味这一句话，有一种满满的幸福感。我能真切地感受到刘备与诸葛亮之间亲密无间，心有灵犀的那份幸福，那是一般人很难体会到的。常常感叹：人生得一知己，足矣！刘备也算是历史上超级幸运的人之一，三顾茅庐，猥自枉屈，隆中对后，用一个"善"字，便喜得诸葛亮。在多轮的教学中，从未认真关注到这个"善"字，今日课堂，突发奇想，随口就让学生用QQ表情包中的图标来替代此字，从而发表自己的意见。

一石激起千层浪，果然是大数据时代，现在的学生对与网络相关的东西，那都是"专家"，信手拈来。我不禁窃喜，我们的教学改革就应当是从旧瓶子里倒出新东西，至于这些课堂新生成的资源，也是我们教学中的瑰宝，彰显了教师的聪明和才智。我们的课堂教学在抓落实的同时，还应当形成自己的教学风格。我就是一个愿意打破常规教学的老师，语文课堂也是一个充满挑战性的游乐场，只要游戏规则够刺激，学生们就能超水平发挥。四平八稳不该属于语文课，充满意外才是我们要追寻的课堂，文本才能让学生们长久地记住。我喜欢这样有意思的课堂，也期待学生们用QQ表情包展现出"善"的内涵，这一定是一次自我突破，也是一次完美的拓展。现特与大家分享班级学生各种"善"的表情包：

😊——刘备对诸葛亮极为满意，亮身居茅庐却洞悉天下，备从而对诸葛亮油然而生一种敬佩。对策如此中肯，话语如此豪情，心情如此澎湃啊！

——诸葛亮对我如此高端的评价令我害羞，对天下形势的分析又如此透彻令我惭愧，怕担当不起啊！

——诸葛亮为我提出八字政治蓝图：汉室可兴，霸业可成。这一席话点燃了我的希望，信心倍增，大呼一声："雄起！"

——刘备对隐居的诸葛亮有非凡的才能表示惊讶，对徐庶的推荐深表满意，对诸葛亮自比为管仲、乐毅深表赞同，有一种如获至宝的感觉。

——今日我刘备发现"宝"了，如果我的策略能行，霸业便可成了，于是有一种得意忘形溢于言表。

——今日幸亏我放下尊严才喜获诸葛，不然遗憾终身了。他是光，他是电，他是我心中的神话。

——一个大拇指，表现了刘备对诸葛亮的信任和信心。孤之汉室，汉之规划；孤之霸业，汉之谋策。孤之有孔明如鱼之有水也，孤之有卧龙如虎之添翼也。

——照应"孤之有孔明，如鱼之有水"的激情。

——老夫倍感欣慰，刘备有一种志同道合的开心，来抱一个！

——哈哈哈，终于把孔明搞到手了，兴复汉室指日可待。加上张飞和关羽，我便有三位亲兄弟了，我太幸运了！

——刘备听完隆中对后，戴上墨镜十分得意，此时心里还哼着小调，一脸得意之态。"善"有对军事之才的肯定，有政治之明的睿智。

——此时的刘备如哥伦布发现新大陆，伯乐发现千里马，学武之人得到武功秘籍一样，激动而又亢奋。又如饥饿者发现一块面包，沙漠中看见一片绿洲，双眼直放光芒。诸葛精细周密，刘备千思万绪，瞬间感受自己的梦想即将实现，十分愉悦，不免嘴角上扬。

——善的三层含义：一善为悦，二善如鱼得水，三善欲得天下。吾为己悦，我得一如此明智之军师，何不悦之；如今我处于水火之间，落于危难之际，而诸葛识大局，懂形势，辅之以我，如鱼之有水也；我胸怀大志，却可惜无人引之，而如今得一位军师，欲得天下矣！

——知己相遇，相谈不久却若故人般熟悉。费尽周折见到知己，不负所望地道出心意。不枉放下尊躯相拜，迎得水环绕于鱼。在茅庐之中觅得你，相坐却早已胸成大计。不枉，引荐之人冒死。不枉，上天之成人美。不枉，我俩意相投。

我不想教《最后一课》

在所有的课文中，我最怕教的课文是法国都德写的《最后一课》。《最后一课》总会让我想起与大家分别的最后一刻，因为我害怕伤感的离别，但我们的职业又在所难免。每当教这篇课文时，总会让我想起过往的每一届学生。这一次是我第六次上这篇课文，在之前的五届学生中，我只完整地带完两届。其他三届都是因为各种各样的原因匆匆地离开，总避免不了太多的伤感。今天我再次教这篇文章，内心却有了一种不祥的预感。当初接班时，我就怕伤害孩子们，但领导却让我走一步，看一步。所以在相处的半年中，我把每天都当作最后一天，最后一课来教，倍加珍惜与孩子们相处的每一个快乐时光。在与实习老师道别的班会上，我看到了孩子们的泪流满面，这其实加重了我的痛苦。我无法想象与孩子分别的时刻，那一次的班会，我比任何一个人都痛苦。这个学期开始，我试着放手，望着培养的班干部、小组长们逐渐的成长、成熟，我纠结的内心也开始平缓下来。

大家都好好珍惜当前吧，因为我们都无法预料自己的未来。让我们一起努力，不要胡思乱想，你们做最优秀的自己，才是对老师最大的回报！

听《喂，出来!》教学有感

今日我校优秀青年教师陈侠老师为我们上了一堂示范课，从课内到课外，无不彰显着教师自身的语文素养。

一篇科幻微型小说，折射出人与自然环境的大问题。虽是老话常谈，但环保问题却永不过时。课堂的导入入情入景，她以自己一段面试的经历为引子，展示了自己揪心的回忆。一句"喂，出来"也将自己背井离乡的那份酸楚表现得淋漓尽致，既有来郴工作的美好憧憬，又有远离父母的依恋和不舍。"出来"一词，我想是烙在了陈老师的心间。在试教中抽到这样的题目，冥冥之中已注定了自己的命运。在回忆这份特定的往事时，我听出了陈老师声音的颤抖，此时她的心情应当是五味杂陈的。

整堂课，行云流水，通畅淋漓。恰当的过渡语让整堂课紧凑、连贯；宽松的课堂环境让孩子在课堂上展示得无拘无束；谦虚的求学态度让课堂的失误显得睿智和从容；灵动的教育智慧让我们赞不绝口；激情的鼓励让学生感悟到语文课堂的魅力；学生"装模作样"的忽悠让我们掌声不断；00后的穿越续写，让我们这些师者不禁感叹，这些小脑瓜里到底在想什么？

那位手拿空白作业的孩子其实是在玩语文，一石激起千层浪，00后的思维瞬间被激发，众同学也不再沉默！面对学生"无厘头"的续写，天马行空的想象，陈老师机智地给予了引领，既肯定了学生的回答，又保护了孩子们的自尊心。

陈老师睿智地抓住一篇没有结尾的课文去续写，让我们看到了班级中众多的哈姆雷特，这既是课堂的亮点，也让课堂变得有深度！

今天听课最大的收获是感受到了这个班级孩子的幸福，幸福感源于教师对孩子春风化雨的肯定和鼓励，这样的鼓励犹如一盏灯，点亮了孩子的心灵。"你是最懂老师的人""你洪亮的声音已开启了今天课堂的美好回忆""让我们把复述课文当作开一个故事会吧"……

真正的语文大师就是拥有非凡把控课堂的能力，这样的高效课堂也让我们大开眼界！

课堂中的顿悟

今日听了《旅鼠之迷》的课堂教学，对比中考要求，审视课堂教学的有效性，感触颇多。

根据课标的要求，对中学生说明文的考查要求为掌握说明对象、说明顺序、说明方法及作用、说明文语言的赏析等。审视今天这堂自读课文的导学设计，心中总有一些自己的教学思路想与大家一起探讨。今日的执教者教学侧重于字词的突破，文本内容的梳理和文体的探究。或许是适应了中考的"快餐文化"要求，现行的课堂更注重有效性。我所思考的语文教学，不再是内容上的简单灌输，而是更注重学习方法上的引领。课堂中，执教者花了大力气去突破"旅鼠的奥秘"，而对说明方法的讲解则是轻描淡写。我对这节课的评价是课堂失去了教学的重点，更失去了课堂的有效性。特别是执教者在引领学生们探究本文的文体时，学生被教师引导得云里雾里，我一直在纠结，探究文体比探究说明方法更重要吗？我们难道要舍弃文本主要的东西，而去标新立异地追寻一些特殊的教学特色吗？

今日，坐在讲台旁边的我第一次有了课堂观察的思维，这份反思和提高得力于初中精英班的国培学习。当你能在课堂中反思自我和别人的教学行为时，我们的教学工作就不再单一，我们也将由一个简单"教书匠"转变成一个理性的"研究者"。我相信常保持这种课堂观察的思维能力，定能有效地提升自己的专业素养。我想今天最大的收获来源于对课堂的反思行为，为自己在教学中的些许顿悟感到高兴！

我们不容置疑

自从被学校认定为优秀课改老师后，心中忧喜参半。

今天的示范课结束后，我突然有了一种惴惴不安的心理，因为这样的课堂似乎让自己都有一种做作的感觉，更不用说来听课老师的感受。真真假假的东西似乎迷失了我的双眼，热热闹闹的课堂背后却引发了很多值得我们深思的问题。

我发誓今天的课堂是原生态的，我相信孩子们的热情是真实的！即使有些真实的东西显现得不真实，但我觉得也不能因为孩子们的过度热情而去质疑他们。

其实连我自己也没有想到今天的课堂中，孩子们会突然的"爆发"，我是他们的老师，是最懂他们的：一是为了累计 50 个举手的星星，有机会参与"春天在哪里"的班级社会实践活动，何况在《班级公约》中，公开课都是翻倍加分的，小伙伴们怎会错过这样的机会？二是习惯性展现自我，因为这样的模式孩子们已不陌生。

勇敢地站起来回答问题，既是对孩子们自信心的培养，也是孩子们思维与思维的碰撞。这种模式利弊兼有，既让一部分孩子有了自由展示的机会，也让一部分活跃的孩子占领了主战场。本是面向全体的课堂，却因少数爱表现的孩子变得单一性、局限性。在今天的公开课上，我其实也意识到了这个问题，部分人的发言过多，反而影响了大局；但在当时，我又不可能为了面向全体而当众打击孩子们的积极性。

站在这个讲台上已有数年，对课堂的有效把握是我们追求的最高境界。

刚从传统的教育模式中走出一小步，刚来到课改的领域尝试一点点，有争议、有质疑、有失败等都是我们可以接受的"结果"，但我们必须肯定的是孩子们那份单纯地追求。

无论谁评价今日的公开课是在作秀，或用"做作""假积极性"来打击我的学生们，我都为之反驳，为之气愤！课堂的调动其实也是一份艺术，邓小平早在 1978 年改革开放时就说过这样的一句话：不管白猫、黑猫，抓住老鼠的就是好猫！为了调动孩子们的积极性，难道我们不可以多想一些办法吗？当然，物极必反，你们今日的超级表现，也让你们的老班措手不及，无所适从，还是平时适中的表现比较正常！

孩子们对你课堂的喜爱，源于你对课堂的把度。作为老师，我们只为成功想办法，不为失败找理由，这一点非常重要的！

无论怎样，我都要对班里的孩子们真心地说一句：谢谢你们！谢谢你们在课改最艰难的时候还陪伴在我的身边，还用最纯真的办法来支持你们的老班，我很满足，因为你们学会了照顾老班。

因为我们的与众不同，所以我们会有一些异样的目光；因为我们在追寻的道路上，所以我们要坚定自己的目标。在未来的日子里，让我们积极接受别人对我们的意见，改正不足，继续前进吧！

《桃花源记》里的社会主义核心价值观

　　课堂中无意间的思维拓展，是一次智慧的结晶，是一次教学的提升，激动与惊喜共进，欣慰与满足共存。新学年，我们从陶渊明的世外桃源里开启了学习之旅，每个人都会在安静的时候拥有自己的一片小天地，栖息在自己心里深处的桃园里。陶渊明高超的气节和淡泊归隐的勇气都值得我们钦佩。"不为五斗米折腰"是现行人最缺失的品质，懂得放下的同时依然不忘对理想社的追求。虚拟与现实生活交织在一起，让我们在现实社会中迷失，在虚拟社会中清醒。

　　初中语文教材选入陶渊明的作品与大文豪鲁迅的作品数量相当，他归隐生活的恬淡令人神往，他追求理想生活的勇气令人钦佩，在他的桃源里，我感受到了许多与现实社会共鸣的气息。一份淡定，一份坦然；一种追求，一种向往。

　　正值创建全国文明城市活动期间，我机智地引导学生在《桃花源记》里感悟社会主义核心价值观。二十四字的核心价值观内容，诠释了世外桃源的真正内涵。

　　"土地平旷，屋舍俨然，有良田美池桑竹之属"渗透了新农村建设的理念，彰显了国家富强、民主的特点。

　　"黄发垂髫，并怡然自乐"是一个国家文明，友善的表现，也是共产主义社会的理想境界。老人幸福安康，小孩膝下嬉笑玩闹，这便是一幅国泰民安的幸福图。

　　"其中往来种作，男女衣着，悉如外人"，描绘了一幅小桥流水人家的画面，心之所向，心之所依，桃源人过着自由、平等的生活，安静而祥和。

"自云先世避秦时乱，率妻子邑人来此绝境"，我们看到了桃源人追求公正、法治的社会环境，他们宁愿背井离乡，也要给家人寻求一个身心的栖息地，因为公正法治，所以自由平等，让人为之向往。

在"未果，寻病终，后遂无问津者"中，我读到了陶渊明爱国敬业的一面。因为桃花源生活是渊明一直要追求的理想生活方式，即使用心良苦的处处志之，也没有探寻的结果；即使品德高尚的刘子骥探寻也无果，只缘于在当时动乱的社会，即使有博大胸襟的人也无法改变现状，美好的东西只能存留于心间。

"不足为外人道也"是桃源人信奉诚信的标志，但渔人追逐名利，背信弃义的行为引发我们的深思，心灵的栖息地绝不容许外人肆意践踏，探寻无果是众人满意的结局，毫无遗憾之感。探寻无果却给我们后人留下了美好的念想，就让那份美好存留于每个人的心间。

"便要还家，设酒杀鸡作食""余人各复延至其家，皆出酒食"让我们倍受感动。设酒杀鸡，热情好客；咸来问讯，民风淳朴；友善之举，犹如亲人。

在《桃花源记》这篇文章里，我们读到陶渊明对理想社会的构建，对美好生活的追求，即使归隐田园，但却心系国家。正是他博大的胸襟，高洁的坚贞，不愿与世人同流合污的坚守，让我们不得不为他点赞。

当前社会主义核心价值观的内涵与陶渊明追求的理想社会境界不谋而合，相得益彰，不亦乐哉！我不禁赞叹渊明的远见，陶渊明就是一个"大写"的人。

名著感想分享会

自从真正明白"反思"一词以来，我的语文课堂开始悄悄发生变化，每一次教学尝试都是一次挑战。挑战具有未知性，而我却愿意去尝试，我为自己点赞，因为教育改革是需要勇气的。

假期"逼"着孩子们阅读名著，是为了引导孩子们在最美的青春年华里遇见最好的自己，在经典作品的引领下感悟社会的冷暖得失。典型人物的身上折射出成长的心路历程，主人公的曲折人生必然引起孩子们的共鸣，从同情到感动，从不满到激昂，孩子们在品读经典作品中树立了正确的人生观和价值观，懂得了明辨是非，懂得了感恩他人，懂得了自己的成长连同祖国的荣辱与共。假期的阅读准备，上演了今日精彩纷呈的分享会。对于经典作品，孩子们都有自己独特的想法，在无记名的点评中，孩子们的思想在碰撞，有效地调动了广大孩子们的积极性。

主持人曹博洪同学首先让同学们在小组内交流点评意见，品析作品的优缺点。今日细细审阅孩子们的作品，居然没有发现一篇相同的文章，可见，作品具有真实性，心理倍感欣慰。因为"省略"了作者，让大多数人都脱掉了有色眼镜赏析作品，让文本的点评更具真实性，更容易抛弃世俗的眼光，走进创作者的心理。

分享会很成功，孩子们讨论得很激烈，感悟得很深刻，点评得很专业，表达得很到位。我相信这样长久的坚持一定会提升学生的语文核心素养，名著的魅力就是如此强大！

用心阅读，精心感悟，享受名著带给我们的精彩。

读书，真好！

尝试课文整合

教材在编订时分版块，分单元，但在特殊的时候，我们还是可以根据实际情况艺术地处理教材。刚从陶渊明的世外桃源里走出，引导学生关注他归隐的生活状况显得顺其自然。《归园田居》（其三）通过展现他归隐劳作的艰辛和执着，从一个"愿"字，我们读到了渊明竹节般的刚正不阿，莲花般的淡泊名利，菊叶间的清正高洁。

第一次将两篇文章整合教学，让教学内容更严谨，让学生对陶渊明有了深入的了解。学校的生活是单纯的，孩子们的心灵也是纯洁的，我不知道他们是否能理解当时的社会现状，是否能理解古贤士怀才不遇的纠结无奈，是否能懂得黑暗现实给人们带来的伤害。从安详、和平、宁静的世外桃源走出时，我们还在怀念陶渊明的美好追求；从"寻病终，求未果"的结局中，我们彻底感受到了陶渊明理想破灭的无奈和揪心。"理荒秽"也好，"荷锄归"也罢，陶渊明的这般艰辛生活始终不是他真正所要的生活。归隐也并非逃避，"不为五斗米折腰"也并非自傲，面对现实，我们能选择自己想要的生活已经是最大的幸福。在那样的年代，按照自己的意愿生活，不在污浊的现实生活中失去自我，我是真心佩服他的。

尝试课文整合带来的挑战，让我感受到不一样的课堂！

有爱就大声说出来

有爱就大声说出来！

这绝非是电视中的相亲节目，也不是情感专题报道，而是我们的语文口语交际课。学生们能舒心的读书，能自如的交流，能大胆地表达自己的情感，这就是我们语文课要追求的目标。

这次活动的主题是谈谈在班级中自己最欣赏的同学。同在一个教室里，我们大家相互交流，相互关心，欣赏的同学有很多，值得我们学习的人也有很多，但能在心中最先想到的，她（他）便有着特殊的意义。所以，这次设计的《有爱就大声说出来的》活动还是比较成功的，笔下的文字表露的是真情实感，台上的展演是热泪盈眶的场景。有感动，有惊诧，有等待，有希冀……这一刻，我相信情感都是最真实的！

不打不相识，不是冤家不聚头。每天都在打闹的这对"小冤家"今日却得以释怀。性格内向的李鸿胜同学居然第一个勇敢地站上了讲台，他的表述虽然不清晰，但却让我们感受到了他与朱俊桦同学的真切友情！

潸然泪下的李彩晓同学终于大声地说出了对自己最好朋友的感谢，友情在瞬间得以升华，幸福油然而生！

当郑丽君对邓佳佳同学说出感谢时，当事人还云里雾里。没有想到自己不经意的帮助却成为同伴一生最敬仰的人，原来帮助别人这么幸福，幸福来得太突然了！

当雷燕同学说出同组一大堆人时，同组的小伙伴们惊呆了。原来将感恩之心谨记于心的人是那么幸福和快乐，当说出来那一瞬间也震撼了很多人。

……

台上的人激动万分，台下的人蠢蠢欲动。还有多少爱能够重来，让我们学会珍惜眼前的一切吧！

有爱就大声说出来！

英语实习老师听我的语文课

英语实习生小董突然说想听我的语文课，我这个班主任也不好拒绝。课前担心"隔行如隔山"，没想到课后，这位英语界的语文天才居然对我的课侃侃而谈。在她妙语连珠的评价中，在她笑容满面的脸上，在她激动不已的表情里，我读到了今天的课堂给予了她心灵的震撼。

记得小董刚来的时候，天天忙着考导游证，陪伴在我身边的时间也不多。最近，她试着走进班级管理，走进教师角色，走进我的教育情怀中。对于这些即将走上三尺讲台的年轻人来说，实习阶段的教育实践显得尤为重要。如能保持谦虚的学习态度，方能收获大学四年以外的东西。在现在这个学校，我也带过几批实习生，真心来实习的，都能找到实现自身价值的平台，欣喜于在他们参加工作后的个人动态里，总能寻见我的一些影子。每每看到他们尽情投入工作，用心对待学生就倍感欣慰，能在他们最后的选择中加力，也算为教育事业贡献了一分力量！

实习阶段是他们人生观转变的关键时刻，如能引导他们找到教师职业中的简单幸福，他们便会坚守四年前的选择；反之，负面影响也会促使他们放弃教师职业，从此与讲台、与学生、与校园擦肩而过。

我不忍打断她对我的点评，因为我很享受她当时的顿悟，这份教育冲动来得太及时了！对于我现在的课堂，更多的时候，我都是在尝试新的教学理念。我在挑战我的过去，我在挑战常规教法，我在挑战固有的思维模式。其实，在学校里，我是最怕领导来听课的人，因为我的各种尝试让孩子们变积极的同时，也让课堂的知识碎片化了。课程的推进在刚开始非常慢，但慢着慢着就飞快了！

今日挑战的课文是《看云识天气》，一改单纯填表，分析说明方法的教学模式，而是让学生用自己的方式介绍"云"。没想到这一活动设计倍受孩子们青睐，孩子们的想象超乎你课前的估量，那些我认为枯燥无味的"云介绍"，从孩子们的口中表达出来就不一样了。孩子们将文本内容适当整合，用他们专属的语言来表达，倍受同学们赞赏。教室里的掌声接连不断，那是对这堂课最大的肯定。

原本想给小董一些教学方式的启示，没想到自己也收获到了课堂中新生成知识的快乐，真可谓：教学相长，乐矣！

课堂是最能彰显教师魅力的地方，我希望每一个实习生都能在他最美好的年华，遇上最优秀的老师，从此与"教育相恋"，因为初恋是最美好的念想！

《走一步，再走一步》中父亲形象的争议

　　从未想过这篇文章要花三课时才完成，但放手给孩子们的课堂，教学进度的确难以把握。在父亲形象的赏析中，意外地生成了一些新观念。孩子们似乎对文中父亲的形象有一些争议，因为思维方式的对立，因为角度的切入点不同，父亲的形象在孩子们心中是纠结的。

　　这篇文章也教过数次，父亲的形象一直是正面的：睿智，理性，有责任感，懂得教育孩子等。当有学生质疑父亲的责任感时，我有些惊诧！在他们眼里，父亲的这次尝试过于冒险，并未实实在在地从孩子的安全角度出发，这样不计后果的尝试，本身就是不理性的行为。试想：如果孩子挑战不成功，势必给孩子造成心理上的阴影，这样的伤害，对于体弱多病的"我"来说，伤不起！百分之五十的成功率，值得我们每一位有责任感的父亲去掂量！他们将父亲的评价定为"大冒失"，我想也是有一定道理的！孩子们的质疑得到我的肯定后，居然对"杰利"和其他小孩子的形象也进行"挖空心思"的评价，这让我措手不及。今天，我终于在课堂中看到了孩子们思维的碰撞。下课铃响声也丝毫未影响到孩子对问题的思考，那一个个高举的小手，那争先恐后的展现欲望，都深深地印在了我的心里。我喜欢这样放开的课堂，也享受这样的课堂给我带来的惊喜和激动。

　　课堂教学其实也讲究缘分，当你用心教时，一定会看到不一样的精彩！

写给莎莉文老师的颁奖词

　　一场颁奖晚会，彻彻底底地替代了传统的授课，我也算是敢"玩"的教师了，这样的课堂却倍受孩子们青睐！

　　几年前，我潜心研究班主任工作，小有心得。而如今我有些偏爱课堂教学，居然玩转起"课堂模式"来。我从小受传统思想的影响很深，但我却从不喜欢重复做相同的事；即使相同，我也会在方法上求新，过程中求新，绝不雷同。我喜欢寻找课堂中新生成资源的刺激感，思维碰撞出火花才是课堂真正的魅力！从《散步》的题目改编到《羚羊木雕》的自由辩论，从《钱塘湖春行》的微课引领到《再塑生命的人》的颁奖活动，从《毕业光盘》的文化熏陶到《永不放弃》的激励引领，这都是培养学生核心素养的具体表现形式。

　　语文教学重在落实到阅读和写作的教学，阅读是基础，写作是提升。从今天的颁奖词中，孩子们对人物进行了精细化的评价，令我吃惊的还有人物表现手法的多样化，我今天彻彻底底地感悟了"教学相长"的魅力，真可谓"士别三日，当刮目相待"！

　　对于一位老师来说，挑战课堂就是挑战自己，在新一轮课堂教学改革中，我愿意做更多的尝试，因为我相信孩子们会收获到更多东西，我看到了教育的持续性和长远性。

附：学生写给莎莉文老师的颁奖词

　　如果说一位莎莉文老师唤醒了海伦，书写了一个神话，我也用一场"颁奖晚会"点燃了53颗孩子的文学梦想，让他们懂得了感恩，懂得了珍惜，懂得了爱！孩子们的能量超乎我们的想象，我倍感欣慰。借此，特与大家分享学生写给莎莉文老师的颁奖词。

伟大的莎莉文老师，是您引来希望的光明，驱散孤寂和黑暗，为海伦干涸的心注入知识的清泉，您唤醒海伦沉睡的激情和梦想，在残缺的世界，是您用爱撑起一个孩子美好的明天。

——段飞洋

她，是一位老师，是一位了不起的导师；她，是一个奇迹，是一个创造奇迹的人。她对学生的热爱，不亚于每一个老师。她用自己的全部青春，只灌溉一株嫩苗；她用自己全部心血，只为教好一个学生；她把自己全部精力，只花在一个女孩身上。这个幸运的女孩就是海伦·凯勒，当一般人遇见又聋又哑的学生定会手足无措，可她用了比正常人多十倍的耐心，让海伦克服了生理缺陷所造成的精神痛苦，这样一位用心良苦的老师谁不喜欢？她就是莎莉文小姐。

——张森毓

一位创造世界奇迹的园丁，在许许多多灿烂夺目的种子里，撒下了那颗最灰暗、最渺小的种子。细心地栽培，付出汗水与时间；用耐心当水，宽容当肥料，园丁的花终于开出了最迷人的花朵。她，是最可爱的人，也是美国的"普罗米修斯"。

——付栎橙

感谢您为教育事业做出的贡献，您的无私，您的聪明，您的睿智不知让多少人走出了阴影，没有您就没有现在的海伦，是您改变了她的一生。

——周航

世界上有一位平凡而又伟大的老师，她一生就一位学生。她的一生为海伦悉心付出，为海伦照亮了前行的道路，她就是莎莉文老师！

——邓倩

有一种伟大来自平凡，有一种崇敬来自始终如一，她没有三尺讲台，没有桃李满天下，她一生只有一个学生，却造就了一个生命的奇迹。现在特为她颁发"世纪园丁奖"!

——段欣芸

一个平凡而伟大的老师，她循循善诱，用慈母般的爱感化了海伦·凯勒，并把她培养成了一个有文化、有修养的大学生，她就是莎莉文。

——李芸

爱，它在无形中给你无限关怀；爱，它在依偎中给你无限的光芒。她是海伦成长道路上的指明灯。

——曾思颖

在莎莉文老师的身上体现了高尚的人格魅力，她也是一个教学效率高、循循善诱、兢兢业业的人，是她让海伦走出了黑暗的生活。

——谢丽花

她兢兢业业，对一个双目失明、双耳失聪的孩子循循善诱，拯救了一个幼小而又孤独的心灵，她就是莎莉文老师！她为海伦奉献了自己的青春。

——李美娜

一个平凡的身份却默默、无私地奉献着，从不求回报。她打开了孩子心中的大门，通过独特的教育，让海伦这位有身体缺陷的孩子对生命有了新的希望。

——熊雯婷

一个平凡而伟大的老师，她用极大的爱心、耐心和独特的教学方法，从尊重孩子的天性，引导孩子的兴趣出发，成功塑造了一位自强不息的天才。

——张双

你的从前与海伦一样，内心孤独，但这并不会阻止你改变自己，改变海伦。你如同一位天使，降临在海伦的身边，给了她希望，给了她光明，也让海伦懂得了什么是爱！

——陈双双

她以爱为怀，用真情书写旷世神话；她有慈母般的情怀，呵护了一个生活在黑暗无声世界里的孩子。她有这样的信念：在爱的面前没有障碍，就是这样的信念造就了海伦这样一个伟大而又自强不息的人。

——黄瑶

　　一滴水能折射出太阳的五彩光芒，一片阳光能照亮整个世界，她改变了一个残疾女孩的命运，她用独特的教学方法、博大的爱心开启了智慧与情感的大门，让残疾女孩获得生命的意识和情感，她是一位老师，更像一位母亲！

——刘越

　　这世上有一个人，她听不见，看不见，一辈子都活在孤独、黑暗之中，但一位老师的出现，让她的生活从此走向了光明。

——谢文

　　一位视力低下，循循善诱的老师，她把自己的一生都给了海伦，为她付出时光，付出青春，她是一位再塑生命的人。

——陈利泉

　　莎莉文，您用独特的教学方法，耐心地去教一位双目失明，双耳失聪的孩子，您的到来，点燃了这位孩子心中的火光，正是这一丝火光后来成了熊熊烈火，感谢莎莉文老师无私的行为。

——朱广清

　　莎莉文老师，您无私地为海伦点亮心中的明灯，为海伦插上了飞向"荣誉天堂"的翅膀，您不求什么回报。都说人生犹如彩排，如果再来一遍，这还是您的选择，我替海伦谢谢您！

——曹朝灵

　　她花尽了自己的一生从事教育，虽然她没有满天下的桃李，一生只有唯一的一个学生，但她将此生的心血都倾注在这一个学生上，使这位盲聋哑的学生成就了世界文学的奇迹，接受这一光明沐浴的人便是海伦。

——资乐

　　她是巍巍昆仑，为海伦挡住风雨；她是皎皎明月，照亮了海伦眼中的黑暗。她内心充盈着爱，她胸中满荡着情。她也曾失意过，但她又重新振作起来。她为海伦指明一生的航标，又在黑暗时为她点亮灯塔……她，就是安妮·莎莉文。

——张冰鑫

莎莉文老师，用多年的爱影响着海伦一生，孜孜不倦的耐心哺育着海伦成长，点亮了海伦的内心世界。似春风，似旭日，利用近50年的光阴铸就了海伦这样的成就，创造了世界文学的奇迹。我想说：莎莉文老师的爱如泉涌！

——曹博洪

致莎莉文老师：是您给世界创造了一个奇迹，您用您的青春与汗水，浇灌一棵孤独无助的幼苗，使她成为一个家喻户晓的作家，我相信她的成功与您有密不可分的关系！

——段文政

您用"水"打开了海伦智慧的大门，静静地留在海伦身边，没有抛弃，也没有放弃，而是耐心地去教导她，您就是让海伦成为最幸福孩子的那位"天使"！我也期望着我们的老师，用爱心启迪我们的智慧！

——蔡紫莹

如果说，人生是一场梦，这对海伦而言，无疑是一场噩梦。一个人奉献了自己的青春，改变了一个孩子的一生。她是海伦梦中的一丝阳光，引导海伦·凯勒走向成功。她就是莎莉文老师，一位为了一个孩子而付出了青春的老师。

——李明

"翻转"还是需要勇气的

三年前，我的一个华丽转身，便跻身到课改的队伍中，领导们鼓励我说："课改，你已在路上！"

又一个二年或三年的开始，我开始深思自己前行的每一个脚步，不再是试探，也不再是"盲人摸象"。我已经开始习惯关注自己的课堂，向课堂的四十五分钟要质量。现在的每节课，我都在等待我想要的东西——课堂中新生成的教育资源。唯有课堂中新生成的资源，才能让我为之疯狂和激动，因为这才是课堂中智慧的结晶，这才是课堂教学相长的魅力。

一位不懂反思的教师，年复一年地站在讲台上，迟早会被枯燥无味的教学打倒；能够坚持反思三年的教师，她却能让自己变得大不一样，反思的教学才是真正意义上的华丽转身。再次转身，我变得更加知性与沉稳，我懂得了孩子们真正需要的课堂的样子，我也懂得了新时期老师与孩子们相处的样子。

在执教诗歌《钱塘湖春行》中，大胆将翻转课堂、微课教学与课改相融合，大胆尝试"微课引领自主学习，小组讨论品析诗歌"的教学，争议的声音有很多，我开始学会静下心来反思自己的课堂。

公开课，同仁们更关注面面俱到，精彩纷呈。而我却不喜欢浮夸和作假，我认为自由的课堂，就应当让孩子们真正释放出来。因材施教，结合实情，尊重教育规律才是我们评价的基准。我很喜欢一位朋友在课前对我的鼓励：公开课，把它当作是挑战自己的平台，而不是取悦他人的戏台，让自己和学生享受其间的教与学。我觉得这是对我最大的鼓励，因为这是最懂我的一席话，谢谢！

我相信永远都没有完美的课堂，有遗憾的课堂才值得我们去记忆，去深思。在今天重"读"和重"品"的天平之间，我也想平衡它们之间的关系，但我更纠结在孩子们的学习基础与问题探究深浅的矛盾之间。原本想像余映潮老师一样，用设置话题的形式去品诗歌，但十一个话题的设置形式在第一轮集体备课中就淘汰了，现在觉得还是挺可惜的。

公开课后，为自己点一个赞吧，我想对自己说："坚持就是最好的！"原来，思想上的翻转比课堂更难，翻转需要勇气！

公开课后

　　人们常说公开课最磨人，如女人怀胎十月，千辛万苦，娃娃才呱呱落地。今天，酝酿了一个月的公开课终于"亮剑"，上完后，我长长地舒了一口气。

　　此次公开课，我选定了一首诗歌《钱塘湖春行》来教学。诗歌教学很注重朗诵，为了避免自己说普通话的尴尬，我决定大胆尝试微课教学方式，用翻转课堂的形式解决教师课堂讲授的环节。挑战是需要勇气的，何况是尝试新的学习方式？在自主学习模式下再进一步灌输微课学习，这是超乎想象的放手模式，这是常人难以挑战的，但我却想试试，做"第一个吃螃蟹的人"。

　　整个课堂流程行云流水，小组讨论热火朝天，唯独个人和小组展示难以推进。表面上的热闹并不是真的积极，展示成果时，我是打着灯笼找小手，为啥激烈讨论背后却看不到积极展示的个体呢？我开始怀疑自己对课堂模式的挑战能力，也开始怀疑自己对新环境的适应能力。我被寂静的课堂环境吓蒙了，一石未激起千层浪，反而石沉大海了。公开课，大家追寻的就是热闹，喧哗，而事与愿违的结果让我很被动。平时的我还很机智，但如今的我却"黔驴技穷"，当时我的脑海只弹出一个词："淡定！"抓住零星般的举手展示后，我开始推进课堂进程，这也只是"缓兵之计"。我第一次感觉到我被课堂积极讨论的表面现象所迷惑了，孩子们也有可能是被这大场面吓蒙了，一时找不到安全感。

　　一个人的战斗，一个人的表演。一节流于形式的示范课，一堂缺少声音的自主学习课堂。课后，我一再反思今日的课堂形式，我也不知道是哪个环节出了问题，同样的导学案，为啥会出现激而不发的反常现象呢？我开始怀念自己班级的孩子们，开始怀念自己班级原生态的课堂。我的"骄傲"和"自信"瞬间被新认识的 67 个孩子摔到了地上，内心早已崩溃，不能言语。望着身旁陪我的亲友团们，望着关注我课堂的闺蜜们，我很快调整了自己的状态，内心逐渐变得强大，此时我清楚地知道：只有自己才能帮助自己！

在下午的评课中，特别感谢苏仙中学的彭建丽老师给予了我高度的评价，她的表扬和肯定反而让我无地自容。我觉得此时批评或许更为重要，更为恰当。感谢她在众人面前对我的肯定，我将在未来的教学中，坚守彭老师对我的鼓励，面朝阳光，迎着春风，悄然前行！鼓励就如一缕阳光，让人感受到世界的美好，前行的动力！谢谢您，彭老师，您的肯定，您的鼓励，您的宽容，让我懂得了期待的真正含义，我会努力的，我希望未来还有别的机会来证明自己的进步！您的鼓励，我会铭记于心。

通过参与这次活动，让我的内心变得更加强大，我感觉到自己已经与原来大不一样了，人只有历经磨炼才会变得更加完美！

赫耳墨斯故事的展演

——寻找"存在感"的课堂

寓言故事，历来被孩子们追捧和喜爱，以短小精悍，充满哲理著称，小故事大哲理，不愧为文学作品中的"快餐文化"。

如果按传统授课方式讲课，一节课的时间绰绰有余，而我却花了整整三节课，但我却不后悔！教这节课时，我的记忆被拉回到了余映潮老师的讲座中，他独创的设计至今还存留于我的脑海中。今日打破传统课堂模式，基于文本又跳出文本，让我收获到了孩子不一样的一面。我的做法是另拟标题重悟主旨，抓五个关键词理清文章脉络，用成语形式凝练人物性格，说自己喜欢的字（词）教学生赏析语言，续写结尾引领学生揣摩人物性格，故事展演帮学生升华主题……

题目的设计放飞了学生的思维，灵动的课堂形式大大激发了学生的学习热情。课堂中，我看到了"一石激起千层浪"的情境，小组也好，个人也罢，都涌现出一大批天生的"表演家"。资行，曾思颖，王伟，陈利泉等同学模仿雕像也让自己"疯狂"了一回，那经典的，有创意的造型博得了同学们的阵阵喝彩；李明和刘潇琳同学 PK 赫耳墨斯的形象，也给同学们留下了深刻的印象；谢斌强和刘越同学扮演的老板形象，非常贴近生活；张全同学将旁白也朗诵得有滋有味。这就是真实的孩子们，也是孩子们所期待的课堂：自由，快乐，轻松，创意……

我在用心打造我想要的课堂，也在刻意训练孩子们的听说读写能力，我相信"真语文"的课堂是让孩子们快乐、真实，能寻找到"存在感"的课堂！

我愿意多花一些时间，让孩子们真实地成长，因喜爱语文课堂而喜欢语文学科，因喜爱语文老师而痴迷语文！

我愿意在不断探索中，与孩子们一起寻找最精彩的课堂。真正优秀的教师会始终坚持不懈，在吸取经验的基础上不断提高自己，并愿意为教学做出各种努力和尝试。而一位有教育情怀的老师，他们的教学热情不会随着岁月的流逝日渐消退，反而日益高涨，从而不断创造机会，更进一步提升自己的教学水平。

一位长期让孩子寻找有"存在感"的老师，他的眼光会更加敏锐，视野会更加开阔，聪慧的学生也会为拥有你这样的老师感到自豪！

丑小鸭也会发光

教完《丑小鸭》后，我大胆尝试了让学生改写课文题目。

一石激起千层浪，学生们的思维非常活跃，他们的题目标新立异，独具匠心。我有些激动与欣喜，将学生们的题目整合后，便有了这篇文章，特与大家分享！

你是《光》，你是《煤》，你是《方向》，演绎着《钻石是怎样炼成》的传奇。

你一直有《梦想》，因为你《不抛弃，不放弃》；

你一直在《追求》，因为你《不忘初心，方得始终》；

你一直心存《美丽》，因为你始终有《一颗充满奇迹的心》；

你一直相信《命运》可以改变，因为你坚信《用心追求，上帝又如何?》。

人们常说《追求＋梦想＋坚持＝一定成功》，《哪怕你再丑》，只要你有《执着的梦想》，只要你有《努力的汗水》，只要你能《相信自己》，只要你《心中有方向》，只要你有《一颗追求的心》，《守卫坎坷，不过是蜕变》。《彼岸花开》，才能《张开最华美的翅膀》，《带着向往旅游世界》。

《感谢》那些心中有《信念》的人，《为梦等待》是《花开的一瞬间》；《努力的汗水》是为了《追求，下一秒的蜕变》；《蜕变后的成长》是《向着北极星的方向》。

《羡慕别人，不如自己努力》，《你终究不是温室的花朵》，《做最好的自己》是一种《蜕变》，是一种《丑的蜕变》，是一种《华美的蜕变》。

《丑小鸭与美天鹅》的故事，是一种《别样的人生》，《坚持终能成功》，我们要学会《笑给自己听》！

《夜尽天明》了，《丑是一条通往成功的道路》，《命运的一半是追求》，《苦难与挫折只不过是蜕变的过程》，只要《不懈追求》就能《换来梦想》，期待《开在彼岸的成功之花》。

《目标＋奋斗＝成功》，《越努力，越幸运》！

不忘初心，矢志不渝

在课改前行的路上，我一直信奉校长的观点："不忘初心，矢志不渝！"

课改刚进入深水区，我们这群刚刚"淌水"的孩子又要被揪上岸，有些意犹未尽的遗憾。刚结识几个志同道合的朋友，却又要回归"集体生活"。课改刚有一点声音，又要扼杀；刚有一点活力，又要紧闭；刚有一点变化，又要重组。原来课堂教学改革的力度取决于大环境，"一枝独秀永远不是春"，一个人的成长也取决于全民的理念。

最近，在领导们传达的上级精神中，我们又敏锐地嗅到了"分数绝对论"的气息，应试教育再次席卷而来，却满足了众人的口味，大家似乎又找回了熟悉的感觉：一支粉笔一张嘴，题海战术加车轮战，全面彰显教师的主导地位，拼"师"的年代又回来了！如果说分数是学生们的命根，那么分数，即将成为衡量老师们各项评优评先的重要砝码！"教育教学质量是衡量学校，老师们的唯一标准"，这样的呼声已越来越高，用成绩来说话，用成绩来定调，老师们即将回归十几年前的生活。这让我回忆起刚教书的那几年，教师主动教，学生被迫学，全方位在课堂中给学生塞"营养"，不计后果！

我不知道在应试教育的急流中能否保持现有的课堂之风，但我清醒地知道：鱼和熊掌不可兼得！保留初心，需要勇气；矢志不渝，需要恒心！保持清醒，请不要迷失在一个"纠结"的教育年代，请不要倒回到应试教育阶段，这样的"教育风"是十分危险的！

既已坚持，理应坚守！不忘初心，矢志不渝！

离别念想

放飞的是希望，守巢的总是我

　　天下没有不散的筵席，从相识到分离，聚散总让我们刻骨铭心。常说陪伴是最长情的告白，而我们却只能用自己的方式陪伴在孩子们的心里。离别总让人感伤，也留下了无限的念想。习惯了用力拽住手中的那根线，直到风筝消失在天际中，放风的是希望，守巢的却总是我。而我更愿意我的孩子们当蒲公英，与微风共舞，沐浴阳光，雨露滋润，享受自由的快乐，享受追逐的幸福。老师就如同灯塔，想要照亮你们航行的路，却更愿你们能以梦为马，不负韶华！孩子们，三年的陪伴总是过得太快，我抓不住青春的尾巴，也不能长久地把你们留在身边。你们都是我的孩子，爱得愈深，伤得愈痛，与其说我长情地陪在你们的身边，不如说你们用纯真和质朴陪伴了老师的成长。不忍你们的离开，不愿将你们放手，手心还存有湿润的余热，总在你们即将离开母校的最后日子里，回忆起过往的点点滴滴，珍惜今日的分分秒秒，祝福明日的长长久久。我在信息化飞速发展的日子里选择了最纯情的一种表达方式——给你们每一个人写一封信。三年的故事，三年的守望与期盼都凝成一封信；千言万语，总抑不住内心的思念。想说的总是太多，祝福也好，思念也罢，望着羽翼丰满的你们，内心总有太多的满足感。不能忘记你们在毕业季留给我的话：上辈子不知要做多少好事才能成为你的学生；等我们走后，希望师弟师妹们能替我们好好照顾老班；你就是我们的嫡亲老师；你就如同我们的妈妈……写给你们的信，希望你们能好好保留，南塔岭下，一直会有一个人守望星空。空了，就回来看看老班；累了，就回港湾靠靠。

丹桂飘香

——写给符丹的一封信

亲爱的丹：

在这个班级中，有几个"第一"非你莫属。你以第一名的成绩分到我们班，我是第一个认识你的，你也是第一个为我分担班级事务的学生。还记得班级的第一个任务是收集军训感受，我让你整理，让你分类。你娴熟的动作，丰富的经验，认真的态度彻底征服了我。我想：一个对待工作这么认真的孩子，日后一定大有出息。

快三年的日子里，语文课代表就是你的代名词，我都已经忘记是何时你就留在了我的身边，或许从一开始就从未离开过。我早已习惯在教室的门口大呼一声："符丹，把这些本子发下去！""符丹，我没有作业改了吗？""符丹，我的那个导学案你帮我整理好了吗？"……

你总会悄悄地帮老师整理课桌，让我有一种舒适的感觉；有段时间，你坚持日记长跑，让我有一种踏实的感觉；你的理科成绩忽上忽下时，总会挑灯夜读，躲在教室的角落里，在柔弱的灯光中坚守自己的梦想，让我有一种欣慰的感觉。

时光如梭，转眼我们就要分别，留给我们的时间只有 72 天了！最近一个月，你的性格开朗了许多，脸上常常洋溢着自信的笑容，在这一点上我特别地放心，因为这是"大战"前最好的状态。祝福你，小丹丹，我相信你的每一份付出都能有所回报，祝愿你学有所成，鹏程万里！

丹，希望你的回忆中能有老班，丹桂飘香时，记得抽时间来看看老师！

映山红

——写给阳惠羽的一封信

小阳阳：

在离毕业还有 69 天的日子里，我写下了这封信。

想到你，必然要提到张根硕，因为这位"男神"已取代了所有人在你心中的位置。悄悄告诉你：其实我也曾有一段时间痴迷过他的电影，如痴如醉！在这一点上，我没有你那么执着和坚定，我又开始了对其他人的欣赏和羡慕。或许我本就是博爱型的性格，这一点也是一位老师必须具备的素质。

你是一个十分自信，阳光的女孩，但你似乎很怕我，难道是因为我和首林峰老师是同学吗？你在我面前流露的胆怯却成了我的一种担忧，一直想让你自由奔跑，却不知我一直是你前进的压力和负担。

让你去 256 班的那件事，一直想对你说声："对不起！"因为在那次分班时，学校规定每个班从倒数第三名的同学开始离开，倒数第三名的学生必须离开！而你刚好是那次考试的倒数第三名，在年级组长和学校领导面前，我对你的挽留显得多么的无力。那一次，是我唯一一次没有办法去帮助你，也无力帮助你！你离开的那段时间，我的内心一直忐忑不安，我甚至每天都到李毅老师那里去问你的情况。当我看到你在那个班级自信满满时，了解到你在那个班级学习开心时，我才长长地舒了一口气。我知道你在 252 班很压抑，很收敛自己，其实大可不必这样，因为这样的生活不属于你，这样的你也不是真正的你！

终于在 2015 年的学校文艺会演中，你用一首《映山红》征服了老班，征服了所有怀疑你的人，也征服了所有的听众。你那火红的礼服，特别的亮眼，也特别的漂亮，你在舞台上大放光彩的样子早已深深地印在了我们的心中。我喜欢自信的你，喜欢嘻哈的你，喜欢无拘无束的你。

还记得那次去飞天山吗？你和何易芳同学两人在汽车上一路高歌，那一刻，我觉得你终于找回了自己。

本学期刚开学，你自信满满，全身心投入到学习中的样子让老师感觉到非常的幸福，原来教师的幸福就是看到自己喜欢的孩子奋发向上的样子。

今天中午，我知道是一场误会，组长何易芳已经帮你解释了，我希望你别往心里去想。

既然喜欢唱歌，那就让自己唱得响亮，唱响自己的人生。同时，老班也希望你能来我们教师队伍里，未来的孩子们需要你这样优秀的音乐老师。

最后，我想对你说：你的能量超乎你的想象！加油！小阳阳！

拉丁小天使

——给刘郴音的一封信

刘郴音：

现在是周末的上午的 10：30，我提笔给你写下这封信，离我们分别的日子仅有 68 天了。

最近，我们一直在闹矛盾，瞎折腾。过去的那些美好回忆似乎被眼前的"雾霾"所遮掩了，让我们既想不起过去，也看不清未来。

今天早上细读了你的反思信，我读出了诚恳的认错态度，读到了一个激进的文艺女青年形象，读懂了你内心的焦虑和担忧……我知道你本善良，只是很容易受周边环境的影响，我只是想让你知道：做任何事都不能随心所欲，遵守规定，才能让彼此脱下一身的尖刺。同样一件事，你比别人认识得更深刻，这也是未来你能成功的法宝。写这封信时，我想起了很多过去的事情。还记得你是倒数第二个来我们班报到的孩子，校长夸你是一个自信，阳光的班长，这就是我们的初遇。至今我还保存着第一个教师节你送我的那份礼物——水晶红花，我特别喜欢，也悉心珍藏着。不能忘记你激情的拉丁舞表演，不能忘记你豪迈的东北秧歌动作，更不能抹去你的参赛作品的展演——夸张的动作，惊艳的表演就是你的真性情。

三年来，我们面对面聊天的机会其实比较少，而那段日记批改的日子，却成了我们最幸福的回忆。在日记平台中，我们相互信任，相互坦诚，老师对你每一天的进步也倍感欣慰。就在那段温暖的日子里，我又引领你舞蹈的转型，你用勇气和勤奋，战胜了过去的自己。我觉得你是班级中最能吃苦的孩子，也是班级中心态最好的孩子。在困难，在挫折，在失败面前，总能担当，总能直面。我相信，有这样的勇气和信心，未来的你会一直幸福下去。愿你可以永远都做真实的自己，没心没肺地笑看人生。

三年生活即将结束，你或许会在 68 天后将老班的名字直接删除，但老班却会把你留在记忆的深处，并且希望你能一直都能做最好的自己！且行且珍惜！

飞人

——给郑丽君的一封信

丽君小朋友：

　　本来还没有那么早提笔给你写下最后的留言，只是因为你太想要回手机了，所以，我想借此对你说一些心里话。

　　我们曾肩并肩地走过，但现在却渐行渐远，但这并不可怕，最可怕的是心的距离。但在上次的那个小作文本上，我看到了你写给我的心里话，我才知道了你现在心里的真实想法，我才知道了我们已经有了"心"的距离。其实一直以来，我都希望你能成功，也在用自己的办法改变你，但是很遗憾，事与愿违！你也曾多次为自己的梦想拼搏过，我喜欢看你认真的样子，因为那时候的你最"帅气"。但成功似乎没有眷顾你，成绩起起伏伏，名次跌跌撞撞，生活似乎一直在同你开玩笑，于是你的生活变得昏暗，开始怀疑自己，开始放弃自己，开始做一些不合常规的事情，就像一个找不到指向牌的迷路孩子。

　　你知道我为什么对你一直不放手吗？你所期待的自由，其实我可以给予你，但我害怕自律不强的你会迷失方向，走到我再也不能看到的地方。这样的结果，我承担不起，因为我的身上除了教育的责任，还肩负着你姨夫的期待，我希望你能在最后的时间里，用自己的努力，给自己，也给老班交上一份满意的答卷。特别欣赏你学化学的态度，那么执着，那么认真，甚至我都在怀疑，这世上还有能让你认真的事情和人吗？但事实证明，你依然有你独有的个性！谢谢你，还能在某些学科坚持，坚守，因为只要不放弃，不厌学，你就还有希望。你其实并没有自己想象中的那么差，你对未来完全可以乐观一些。只要你心中有梦想，我相信一定能成功，在未来一定有一方天地是属于你的。

我怀念过去每天都写诗的郑丽君，因为那时的你有着诗意的生活；我怀念过去运动场上那匹短跑"黑马"，你用自己的实力证明自己：我就是八中短跑的"飞人"；我怀念过去你帮老师捏背的日子，我们贴得那么近，每次累得气喘吁吁，但你却一笑而过，那时的笑是那么的洒脱。我知道这部手机对你的重要性，既然你千方百计地想得到它，希望你能对它负责，合适地用好它，合理地管好它，不要再让它受到伤害。其实将手机还给你，我还是心有顾忌的，但我还愿意真心地相信你一回，我也给自己下了一个赌注，我希望你不要让我失望。因为一个总让人失望的人，她已不值得别人珍惜。

最后我想说：闺蜜也好，知己也好，我想身边的亲人也很重要，我希望你能做一个有良知的人。祝你学有所成，做老班心目中骄傲的孩子，做老班眼中最自信的孩子！

"蒋哥"

——写给蒋欣的一封信

蒋哥：

　　请允许老班在将要离别的 62 天的日子里，也这么亲切地叫你声——"蒋哥"，真心地祝你学有所成，开心永远！

　　一直以来，我都一意孤行，将你"捆绑"在老班的身边担任语文课代表，我知道对这件事你是有想法的。对不起，让你委屈了这么久，是老师太执拗了。其实谢老师特别欣赏你的理性思维，我觉得你就是一个学理科的天才，当初我执拗让你当我的助手时，其实是为了督促你学好语文。你连续的 77 分，让我特别地担忧你，这是我要将你留在身边的最初目标。但在过去的一年里，你似乎很怕我，也不愿意和我亲近，这也一直让我很郁闷，但我想：终有一天我们会成为朋友的，你也能理解老班的用心良苦。但最近的几个月，我们心中的冰块不知何时融化了，你对老班开始有了微笑，开始有了久违的亲近，对此，我感到特别的开心，就像找回了一件被丢失的珍宝失而复得，让人惊喜。其实，我一直试着通过你身边的朋友去了解你的性格，他们说你在朋友中就是男生性格，大大咧咧，嘻嘻哈哈。这太好了，因为我觉得超理性的你就应当是这样的性格，这说明我的眼光没有错。即使是现在这样的相处模式，我都觉得非常棒了！谢谢你的微笑，谢谢你的释怀，我希望我们能从师生关系成为朋友关系，你的开怀和未来也容许我的参与。

　　在你的面前，未来的路非常明朗，也非常的宽敞，我会守在你起飞的地方静静地等你的好消息。加油！

期待下一次追风的日子

——写给陈俊杰的一封信

俊杰：

今天是距中考还有 61 天的日子，我希望能看到你更多的蜕变，成为一个真正的男子汉。

我喜欢看你努力的样子，欣赏你不服输的霸气。你是一个将喜怒哀乐直接写在脸上的男孩，这其实是一种真性情的表现。说实话，一组的学习氛围的确不适合你，不过有一句话叫"乱世出英雄"，但真正的勇者都是在本土恶劣的环境中产生的。在困境面前，要么郁郁而死，要么化悲痛为力量，谢谢你，你选择了后者，我特别欣赏你的人生座右铭：暗蓄力量，一飞冲天！正是这种沉淀和积蓄，才有了一鸣惊人的你。如果这次你又兑现了你的诺言，我会诚恳地告诉你：你的能量超乎你的想象，你就是老班心中真正的勇者。那天一起出去骑车，我发现你懂得了很多东西，也算是走南闯北的男子汉了。我记得你 QQ 中有一张特别帅气的相片，那齐全的装备，就是你腾飞的羽翼！我相信你知道自己心的方向，所以未来的你一定能飞到鹰的高度。

在拥有傲骨的同时，你也有些傲气，如果能学会控制一点自己的脾气，把大度当作对待朋友的准则，我相信你的行走会更顺畅！能陪在你身边的日子越来越少了，近来你的进步令我倍感欣慰，只希望你能做最好的自己，成就自己的梦想。

期待下一次一起追风的时候，让老班一直看到最棒的你，好吗？

戴着耳麦奔跑的阳光男孩

——写给李典泽的一封信

典典：

提笔写下这封信时，离中考只剩下 59 天了。光阴似箭，转眼看到你也由一个腼腆的小男孩变成了一个帅气、阳光的大男孩，我倍感欣慰。

特别想分享给你一段话与你共勉：人生所能到达的高度，往往就是人们在心理上为自己选定的高度，如果一个人心中从来没想过到达顶峰，那么，他也就永远不会获得成功！我很开心，能看到你在九年级上期勇敢地奔跑起来，也取得了突出的进步。这份进步，让自己如沐春风，如饮甘霖，一个华丽的转身换来了一片灿烂的天空。曾有过很长一段时间，你就是我们班级正能量的代表，你就是男生"逆袭"的标杆。在老师和同学心中，你的成功不仅仅代表的是个人的成长，还给予了很多同学奋斗的决心与信心。

那天一起追风的日子非常特别，老师也看到了你另外的一面：自信，阳光，睿智。你戴着耳麦奔跑的背影，彰显了男孩的洒脱和激进。那晚苏仙岭的偶遇，让老班看到了你寄情山水的博大一面。在你身上，时常流露出许多良好的品质，这都是日后腾飞的基石。每天早晨默默为同学买包子的行为，体现了你的善良；篮球场上奋力拼搏的身影，证明了你就是为篮球而生的。老班觉得你综合素质很全面，未来也有很大的发展前景。正如学校付跃宏校长所说：每个人在十八岁之前都有一次成功的机会，但只有很少人能把握，而我却希望你能把握住。

不要对自己失去信心，也不要怀疑自己，因为一切都皆有可能！我相信只要一直在奔跑，就会迎接生命中的每一缕阳光。第一次适应性考试的失利，只能说明你的基础还不够牢靠，还需要用更多的时间去提升自己。在这一点上，你必须向陈俊杰同学学习，暗蓄力量，一鸣惊人！

好人终有好报，我希望你能在毕业之际上交一份满意的答卷，为自己的初中生活画上一个圆满的句号。

暖男

——写给刘越的一封信

小越越：

在老班的记忆中，一直存有这样的一个画面：一个阳光男孩，爱唱爱跳爱表演，每次班会必定有三个以上的节目专属于你；理科是你的长项，因为你有一个聪慧的头脑；身材虽瘦小，但他却有着一个大大的篮球梦想；追风时，你总会留有幽默和嘻哈的一面；曾连续 N 次七科不拿 A，但你却有着一股不服输的力量；你的日记很有创意，每次都给人一种耳目一新的感觉……

穿上校服，一副"乖乖崽"的模样；脱下校服，一种"帅气哥"的气场。我很喜欢你的性格，因为你就是电视荧屏中的"暖男"形象；我很喜欢你笑的样子，洒脱、萌萌哒，仿佛感受到了太阳的温暖；我很喜欢看你征战球场时的帅气，总有一种舍我其谁的干劲。

过去的日子已一去不复返了，但每次活动都留有你帅气的镜头。烧烤中的忙碌，沙滩公园的嬉闹，钓虾山庄的神气，飞天山上的大气请客，一起追风时的"送煤气"形象，苏仙岭偶遇时的缘分，这些都是专属我们的记忆！谢谢你，给予了我这么多的快乐。在剩下不多的时间里，我希望你能打造一个适合自己的舞台，因为平台很重要，好的平台能使自己飞得更高、更远。你也必须有一个舞台，否则英雄无用武之地，只能遗憾终身。

孩子，目前是你最艰难的时刻，摆在你面前的困难有很多，但一切都是对你最好的考验。扛住了，你就成了一个真正的勇士；逃避了，你就会迷失在无形的竞争中。我希望你能擦亮眼睛，拿出勇气，做最后的拼搏。无论中考前你失败了多少次，老班都会陪在你的身旁，为你打气，为你加油！我相信：我们都能等到最美好的那一天！

　　奔跑起来，擦干眼泪，甩开疲劳，一切都不能阻挡你前进，因为我相信：你一定可以做到的！

拼搏的魅力

——写给朱俊桦的一封信

桦：

五年前，也是同样的一个名字，以学习委员的身份，以 7A 的"大满贯"顺利升入了二中，又通过三年的苦战高考，最终考上了重点本科，书写了自己华美的篇章。就在那个暑假，就在那个遥远的小山村里，他们全村人为他举办了隆重的升学宴，因为他成了他们村里多年之后的又一个重点本科生。我和我的学生们一起参加了这个升学宴，村长隆重致辞，那场景久久不能忘怀。我希望五十五天后也能得到你的好消息，更希望高中三年之后得到你的喜讯。

帅气、阳光就是你的代名词，我多次痴迷于你在篮球场上举手投足的动作，你有着暖男的气质，也不缺男子汉的洒脱，给人一种特别舒服的感觉。但就在上个月，你修了一个新发型，每天频繁挠头发的动作让我开始对你担忧。我的担忧怎么那么灵验，一个孩子又在我的担忧中摔得特惨，我也感到特别的伤心和无尽的担忧。但就在今天，就在你考得一塌糊涂时，我并没有看到你的眼泪和悲伤，反而读到了另外一份我从未发现的力量。你调整得很快，你选择了迅速猛追，你选择了破釜沉舟，你用实际行动让老班心头的这块石头沉了下来。忽然间，我为你坚定的目光倍感欣慰，我为你超乎寻常的勇气感动至深。

谢谢你的重新振作，谢谢你的再次奋发，给予了自己，也给予了老班新的希望。我会等你再次逆袭的！告诉你一个秘密：一个为理想拼搏的男孩最有魅力，我相信你一定能成为最帅气，最有魅力的男孩！一个男生要成为真正的男子汉是要历经无数次跌倒的，每次跌倒都能给予自己新的力量，所以，无须苦闷，无须彷徨，一个月后，两个月之后，我相信，你能再次证明自己！

加油，相信你能做最好的自己！

向善向学

——写给江健慧的一封信

小江同学：

写下这封信时，离中考只有 50 天了。百日誓师似乎就在昨天，而今日留给我们的时间已经不多了，但老班却对你有一些担忧。值得庆幸的是你的理科成绩逐渐有了一些转机，在班级中也自信了许多。

你在老班心目中就是一个特别善良的人，三年如一日地护送同学回家，星星和月亮见证了你们的友谊。你的心思非常细腻，也是一个懂事的孩子，这种性格在男生中很少，也为你的成功打下了坚强的基石。你做任何事都特别细心，特别欣赏你坚持日记长跑的毅力，整整齐齐，干干净净。你很幸福，因为你有着一位特别优秀的母亲。她特别能吃苦，在这一点上非常值得你学习。职业没有高低贵贱之分，重要的是你对这份职业的态度。我相信你不会让父母一直这样劳累，因为你是一个男子汉，必须面对目前的困难和担当未来的责任，我也相信你不会让父母失望，你会用实际行动告诉他们你要活出最好的样子。初中青春年华里留给自己拼搏的时间已经不多了，你的这杯温开水也需立即升温，老班希望你能书写美好青春，画上圆满的句号。毕业临近，我需要做的是等待，我相信你一定不会让老班失望。

奔跑吧，小江同学，向善向学的你终将在六月的初夏绽放！

一切皆有可能

——写给李宁的一封信

宁宁：

今天是五一劳动节，特殊的日子写给特别的你。一直以来，你都是班上的劳动模范，善良是你最大的优点，热心肠是别人无法比拟的性格，热衷于小动物的研究是你独有的爱好。

在学习上你似乎已经尽力了，但事与愿违。你的心态很好，这一点很重要。老班想在最后的日子里对你说：一个人尽力之后还能保持幸福的感觉，那他就是快乐的！在未来的日子里，你还需给予自己一些压力，逼自己一回，让自己懂得成长的蜕变！这一次位置重组委屈你了，谢谢你能同李鸿胜和睦相处，在这点上，你已经可以打 100 分了，因为你有最强大的包容心和容忍度。班级没人愿意做的事情，你担当了；校门口数千孩子对乞讨者视而不见，你却能伸出援助之手；沙滩公园的单车之行，你的大气和悉心照顾，温暖了我们的心。你总是那么可爱、懂事，我相信：好人会有好报的，上天不会亏待每个善良的孩子。能同你住在一个院子里，能有师生缘，这一切已足矣成为共同的回忆！我希望你能在八中有一个圆满的结局，实现自己的理想！

只要拼搏，李宁，一切皆有可能！

刮目相待

——写给徐义畅的一封信

畅：

我是看着你逐渐成长起来的，特别喜欢现在的你。经过两年的磨炼，你终于开始思考自己的人生，终于开始为自己的明天奔跑。

过去的你沉醉于网吧，沉湎于网络游戏，热衷于玄幻小说，痴迷于闲逛当中。现在的你，终于不再让老师担忧，你们三兄弟开始合力奔跑起来，我希望看到你最后的搏击！

对你的刮目相待开始于九年级上期的那场统考，虽然你们逃学去网吧放纵，但是你是唯一一个兑现承诺语文拿了 A 的孩子，数学也考了 119 分。从那以后，我突然觉得你不一样了，你的小宇宙开始爆发，让我在你的身上看到了新的希望。

对你的刮目相待升级于那次扔粉笔事件，当你和易福郴共同担当起责任时，我觉得你们就是真正的男子汉，形象瞬间高大起来。当你们说出执意要去上课时，我被你们的态度惊呆了。谢谢你们的改变，对于敢于承认错误、勇于担当责任的人，我是没有理由去责怪和责罚的。

在最后的 43 天里，我相信你能与你的兄弟一起携手前行，不畏艰险，一起改变自我，改变现状，成就未来！加油，我还期待刮目相待的终极版！

听你的好消息！

星星点灯

——写给曹鑫欣的一封信

星星：

在老师的口中，你的名字一直是这两个字——星星，之所以是这二字，因为你在我心中就是黑夜天际间的精灵，可爱而又聪慧！

过去的你，满心的笑容，整天乐此不疲，有着快乐的青春过渡期，还有着三五成群的"死党加闺蜜"。家近在咫尺，却常光顾于校园路边的小摊解决"温饱问题"，因为你的成长蜕变离不开身边的朋友，珍惜于身边与你嬉闹的朋友们。你们一起养过狗，一起逛过公园，一起 k 过歌。那时，你尽力想挣脱家人、老班手中的那根线，不愿做被保护起来的孩子。可你知道吗，在你尚未真正沉稳时，我还很担心你的。其实这种挣脱就是一种独立的表现，羽翼刚丰满就想离开我的视线，这就是叛逆青春的表现，这也是成长中的独立思维。终于度过了那一段青涩的日子，你开始变得沉稳、成熟，我既喜欢过去那个爱笑的你，更喜欢现在激情万丈的你。我觉得你越来越自信了，自信的你让老班特别放心。

你知道吗？从刚进校，我就觉得你特别有亲近感，好像有一种似曾相识的感觉。所以，在你身上，我花了很多心思，终于快要等到收获的日子了，我特别的期待喔！

别忘了，我俩都是用左手来横扫天下的，呵呵，这就注定了我们彼此都不会相忘！且行且珍重，现在需要的是奔跑！只要你付出了，我相信你一定能实现自己的愿望。

"锋"芒毕露

——写给李芸锋的一封信

锋子：

你好！提笔写这封信时，我的心情特别的郁闷。因为你以二分之差，一名之隔，与你的梦想擦肩而过。其实中午我同你谈论此事，就是给你打"预防针"，让你做好最遗憾的准备。其实，我比你更揪心！近半年来，你以班级最具正能量的形象搏击梦想，让我对你刮目相看。而事与愿违，幸运之神与你擦肩而过，这种擦肩或许能将你磨炼得更加成熟，更加的坚定。"塞翁失马，焉知非福"，我想留给你的只有全力以赴的拼搏了！

在老班的心中，你就是一个暖男的形象，与你在一起的时候，你特别会照顾人。我可以随心所欲地呼唤你，甚至可以任性地释放自己，而你在任何时候都是以宽广的胸襟包容我，帮我解决所有的难题。矿泉水瓶子堆满了，我想到只有你和李宁可以依靠，可以解决，谢谢了！

永远都不会忘记骑车追风的那天，那个下午你是最懂我的人，也是最令我和千禧感动的人。一想到你回来接我们，帮我们洗车，帮我们搬车，现在心里还是暖暖的。在你身上，我发现人与人之间有差距，学生与学生之间也是有差距的。当他们骑车离开我们同行的队伍时，就已注定我们不是同一类人。谈不上志同道合，勉强在一起也是一种尴尬。与其这样，不如放手！

锋子，答应老班一件事，好吗？还记得有一个假期，你在广州的那张海军照片吗？特别的帅气和洒脱，我畅想着那就是未来你的样子，当军人也是老班未了却的心愿，我希望你能帮老班实现。答应老班，无论在任何时候，你都要好好学习，用心做人，永远做老班心目中那个完美的暖男，好吗？

加油，用心的付出一定会得到回报的，我希望 40 天后的你能梦想成真，三年后，你能去做更多不可能的事，能实现自己的梦想，你还是那个暖心的男孩，你的未来定能锋芒毕露。

约定

——写给肖俊豪的一封信

肖俊豪：

提笔写下这封信时，离中考只有 40 天了，对于你，心中还是有很多的不舍和担忧。

我们最初的相识在五中队，我把你亲切地叫成"小胖子"，因为我还是比较欣赏你的，胖而不讨嫌，静若处子，动若脱兔。上天早已注定了咱俩的缘分，你在分班考试后，再次同老班在一起，我觉得我们之间必定有难以割舍的师生情。

自从你迷恋篮球后，你改变了很多。有性格上的突破，有交往中的主动，有体型上的变化，这一切我都为你感到高兴。因为篮球改变了你的生活，但老班更希望你能通过篮球这项运动改变你的人生轨迹。一个人的兴趣爱好分痴迷和沉迷两种境界，以你目前的情况，只能把篮球当作一项兴趣爱好，而不能把它当作一项休闲来度日。

你的成绩很不稳定，学习状态随学习心情时好时坏，这一点也是我最为担忧的。所以，我希望你能一直用脑，这样才不会使大脑生锈迟钝。通过去年到区里参加篮球比赛，我觉得你对篮球有了新的的领悟和提升。我希望你能给自己的未来一个较好的发展平台，让自己的特长发挥得淋漓尽致。

说点正事吧，你还记得我们去年在走廊上的约定吗？你答应我会好好表现的，要考上老班心中的那所学校。我一直将我们的约定放在心间，等待一个小男子汉兑现承诺。我知道你一直在努力，只是事与愿违，只是你的努力未达到你所想要的高度。但我还是希望你能在最后的 40 天为自己拼搏一把，为信任你的老班拼搏一把，至于结果并不是最重要的，我希望能看到你的青春是奋斗的模式。

我知道你的脾气，我相信只要是你肖俊豪想做的事情就不会失败，请在学习上"执拗"一回吧，我相信你一定不会后悔！

腼腆男

——写给湛波的一封信

湛波：

　　提笔写下这封离别的信时，似乎相识就在昨天。很清楚地记得你是最迟才分配到五中队军训的，你腼腆地跟在父亲的后面，羞涩地加入了这支"军人"的队伍。或许上苍早已注定了我们之间的这份师生缘，当你的名字出现在252班的那份名册时，我并没有陌生的感觉。在老班的印象中，你是一个很乖的男生，做事非常的认真，但进入青春期的过渡阶段后，也开始出现了一些逆反时期的常见现象。其实这些都很正常，让我唯一觉得惋惜的是你没有拿到属于自己的那份"蛋糕"。一直以来，在老班的心中，你有足够的实力拿到那个指标，但就在九年级老班频频外出学习的那个阶段，或许是你自己放松了对自己的要求，所以保送指标与你擦肩而过。现在，眼泪不属于你，悲伤不属于你，气馁不属于你，因为这些都是弱者的表现。

　　我相信你不是一个弱者，也不是一个轻易能够被打败的人，因为任何的沮丧和埋怨都无济于事，真正的强者都是笑到最后的。

　　既然你还需要磨炼，既然你还需要努力，既然你还需要沉淀，那么就赶快行动起来吧，给自己点亮一盏灯，从今天开始，为自己而战斗！

　　你是一个乖男孩，初一的时候特别的执着，认真完成每一项作业，积极把握每一次证明自己的机会；你是一个坚强的男孩，即使上午摔倒在篮球场上，下午就挂着拐杖来学校学习了，那段时间，我都被你的执着所感动了；所以在最后，我相信你是一个能吃苦的男孩，在通往成功的路上已经没有退路，已经没有喘息的机会，我相信你能用 38 天的时间给老师上交一份满意的答卷，证明自己！

老班会一直守候在你的身边为你加油，为你打气，因为你就是那一个老师可以信赖，也可以成功的人。

齐天大"晟"

——写给蒋晟的一封信

大晟：

请允许老班这样称呼你，因为我喜欢这个称呼，也越来越觉得这个称呼非常适合你。

虽然保送生的指标与你擦肩而过，但在老班心中，你就是名副其实的保送生。我知道在班级中你最不甘心，特别是在五组，你最受委屈，长久以来引领着五组历经风吹雨打，带领着身旁的那二个男生前行，而上天就在你打盹的瞬间，给了你一次致命的打击。可世界上没有后悔药，也没有留给你很多哭泣的时间。你只能望着身边的两个幸运儿的笑靥，含着眼泪奔跑。我想：在你们之间的战斗并没有结束，我相信未来还有很多次比拼的机会，中考就是最公平的竞技场。

我特别喜欢你现在的样子，因为你又找回了最初的激情和梦想。这样的你，披荆斩棘，无所不能。我相信你一定会把握中考"一箭双雕的机会"，从而一鸣惊人，因为你现在拥有班级中最好的学习状态，我想任何人，任何事都无法阻挡你前行。谢谢你，能在最后的阶段展现自己最好的一面，我想这就是你留给老班最帅的表现。

齐天大晟闹中考，学有所成志向高，横批：事在人为。让我们用时间去见证最好的结局！

树木葱郁为林

——写给林然的一封信

林弟：

三年来，最幸福的时刻就是咱俩拍照时被众人认定为微笑度最相似的两姐弟。自那以后，我就幸福地成了你姐。当每天迎着清晨的第一缕阳光收到你最灿烂的微笑时，那招手动作已定格为最温馨的画面。甚至每早我都有意去相拥这个画面，总有一份暖流从心间流淌。谢谢你，三年铸就师生情的同时，我们还有了另外一个称呼：姐弟！就让彼此将这份美好珍藏于心间，默默为对方祝福！

你在班级中的印象是理性、睿智的；在篮球场上的表现是狂野、洒脱的；你在大家的心中是温情、爱笑的。爱笑的男生最自信，自信的男生最爱笑，所以老班希望你能笑傲人生，雄霸天下。

林然，你的名字应当取之为树木葱郁为林，繁茂的样子，这个名字可谓寓意深刻。我特别欣赏你，因为你很自信，当你把自信转战于篮球场时，从此便叱咤风云于体坛。而你的学习也就进入"应付"阶段，开启"忽悠学习"模式。从此之后，你反感于我对你打篮球的控制行为，沉湎其中，难以自拔。青春期碰上逆反期，让彼此美好的姐弟情在很长一段时间处于尴尬的境地。那段时间，我特别的揪心和担忧，害怕三年的心血就毁于我们思想的分歧中。我们因篮球相识，不能因篮球而误会。我一直坚信：能打篮球的男生，一定是心胸开阔、活泼开朗的孩子，他们必定大智若愚。

很庆幸，你在转瞬之间，因为坚守梦想而转身回来，我再次看到了你为梦想而心神凝聚的样子，再次为梦想启航，我觉得你更坚定了。我还要谢谢你帮我带好了肖俊豪，这个胖子，视你为偶像，我从未见到过他彻彻底底服过谁，但对你，他还是心服口服的。我希望你在自己前行的同时，把你身边的兄弟带好，我想有你的引领和帮助，你将会成为他一辈子的贵人，谢谢了！

　　林弟，加油，不管你的梦想在哪，我都希望你一直都是最优秀的！

千禧宝宝

——写给千禧的一封信

禧宝：

本打算尘封心中那份难以割舍的感情，本打算等你毕业再给你写信，本打算坚强地说"再见"后再把留言发给你，本想……

我想：等到分离的那天，我怕自己都无法控制自己的情绪，所以还是提早，坚强地写下我对你说的心里话。

花开一季，人活一世，只有时光安然无恙。那些转错的弯，那些流下的泪水，那些滴下的汗水，不论好坏，终究成全了现在的你。谢谢你能在这个班级中悄悄地绽放自己最艳丽的一面，你这份低调中的奢华是我最欣赏的。

你独立、执着、坚韧，在一份特殊的关怀中茁壮成长。你知道老班为什么总问你想妈妈这个问题吗？虽然你每次都简单而又快捷地回答："没有，不想。"但我从你的眼神里，却能敏感地捕捉到你内心深处的思念。你是一个令人心疼的孩子，或许你早已习惯了这份孤独，或许你早已习惯了在外人面前坚强，但我还是懂你的。我知道你是一个性格内敛的孩子，但每个人心底都会有一道暗伤，不见阳光，不经风雨。你总会在成绩揭晓后的第一时间与妈妈分享，喜怒哀乐，但分享最多的是喜悦。在受伤的夜晚，你或许独自蜷缩在自己的世界里，听着音乐，任眼泪夺眶而出，自我疗伤；又或许独自去逛街，买上一大堆自己喜欢吃的零食，放纵自己一回。悲伤的时候，决不会让外婆知道，因为善良的你是不愿让任何人为你担忧的。所以，那时候的你最喜欢的方式就是独处，无声的泪，尽情地流；仰望天空时，一切又安好！所以，别人不知道你是会哭的孩子，只觉得你是一个父母不在身边却十分幸福的孩子，但我不愿你在人前遮掩最真实的内心，也不愿你在暗夜里独自舔舐伤口。

总还记得你刚来的那会，你小心翼翼地坐在教室后门口的位置，但我很清晰地记得小伙伴们对你的到来很激动的场景。那时的我很惊讶，我发现你的人缘很好，活泼好动，但我对你的关注却是源于你安静的性格。你知道我为什么当初选你一起去爬山吗？因为我在你的眼神里找寻到了一份善良和真诚，这一眼就认定你会是一个可以交心的朋友，所以便有了我们第一次爬山的回忆。说实话，那是我最开心的一次爬山，虽然当时的你还有一些害怕我，但我却牢牢地把你放在了心上，认定了你这个小屁孩妹妹。我喜欢看你汗流浃背、头发淋湿的样子，我喜欢你醉心大自然的那份激动，我喜欢上山时依靠你的那份安稳，我喜欢下山时五指相扣的那份亲密，我喜欢我们每一次打闹追逐的无忧无虑，我喜欢隔三岔五偷着去散步的那份惬意，我喜欢我们一起吃饺子的那份悠闲，我喜欢在自己最脆弱时寻找你肩膀的那份暖心，我喜欢看你被我偷拍后那无语的表情……

每翻过一页，就意味着我们待在一起的日子越来越少。对于我来说，表面上是洒脱、女汉子的形象，但等你们毕业后，我一定是感情受伤最重的人。只因你们的离去，掏空了我全部的情感。所以如果有选择的，我宁愿选择失忆，我希望以后都不要再那么深地走进学生的心灵，否则，受伤的永远是自己。离别后，最好是不要再见，再见也会徒增悲伤。我希望能在你毕业后的日子里，来一场说走就走的旅行。当你背上行囊时，请不要常常将老班牵挂；当你重新飞翔时，请不要常常回头，因为梦想在前方，你将会遇上人生中下一个摆渡的人。

守候在母校，就是对你最大的牵挂；不必悲伤，不必落泪，只要心中有牵绊，时间和距离都不是问题。在你回答不想妈妈时，我读懂了你是将妈妈放在了心底的深处，我是在那篇《深处》的作文中找到了答案。我知道如果我问你同样的问题，也会得到同样的答案。你对老班的回忆也应当是在记忆的深处，对吗？你知道老班最喜欢你什么吗？就在你每次活动时懂得与别人分享食物的那个瞬间，就在我改变主意，转身陪你吃烧烤，发现你带吃的与外婆分享的举动中。一个懂得感恩的人，她会走得更顺畅，走得更远。因为她知道她所得到的一切，都是上苍对她的恩惠。希望你在成长的过程中，不要忘了最重要的品质——感恩！

我的心里还有二件特别遗憾的事未了却：我希望能参加你十五岁的生日。不知能否得到邀请？众多相片中，唯独没有一张与你的合影，心中不免特别伤感。我的左手，已在去年的暑假，有了九天的亲密之行；而我们的回忆，却还是一片空白，我希望我们也能有机会留下专属我们的回忆！

写下这封信时，已是 35 天的倒计时，且行且珍惜吧！毕业时，说好了不哭，行吗？我们的约定：六月二十一日，一起看日出，OK！

你是我过往的样子

——写给朱星瑜的一封信

瑜：

提笔写信给你时，已是距中考的第 28 天。想起你每次离老班忽远忽近的感觉，总感觉幸福有些尴尬和勉强。你外表洒脱，可心思细腻，嘴上说的总和心里想的不一样，所以相处起来，给人的感觉有一些牵强和重荷。如果爱是一份负担，那么情就会时浓时淡；如果爱是一份煎熬，那么情就会烟消云散。

我喜欢你刚来时的那份洒脱和纯真，对老师的那份依恋让我特别的舒服。我们借用日记这个平台，相互关心，相互鼓励，敞开心扉，直言不讳。你总是在日记中要我保养身体，特别关心我喝酒的问题。你对我的关心，其实我常记于心。

我喜欢你执着中而又有些许执拗的性格，也谢谢你当初对老师的信任，从而改变了自己，成就了自己。还记得老班逼你离开那个小团体的时候吗？当你毅然转身时，你就如凤凰涅槃，蚕蛾破茧之后有了全新的蜕变。当你开始新的启航时，一切都显得不一样了。从此，你选择了沉默，选择了孤单，开始奋发，开始逆袭，迎来了一个又一个令自己、令老班震惊的消息。你在独立行走中找到了自己的方向，逐渐变得强大起来，你的强大也让身边的朋友不敢小觑你。谢谢你，做到了最好的自己，也完美地证明了自己。

对不起，老班没有与你沟通便帮你换了同桌，其实易宝是不愿离开你的。但我发现，你与她再次零距离相处时，再也找不回当初的那份默契与幸福。

我感觉你同她坐有一些压抑和尴尬，对于彼此都不利于发展。所以，我毅然决定将你们重组。韬是你们原二组的同伴，他现在在英语上急需你的帮助，我希望你在成就自己的同时，也帮老班带一带他。帮别人成就梦想的同时，自己也会是幸福的！你看看彩彩，她无私地帮助了多少同学，所以上天也给予了她最好的安排。别将自己尘封，你现在给老师的感觉是很慵懒的，这可不是老师所期盼的样子，我希望在最后二十多天的日子里，你能找寻到当初一个人勇闯世界的样子：自信、乐观、阳光！

还记得我曾经对你说过：你像过去我的样子。但现在的你，眼神中已失去奋斗的火焰和前行的勇气，我对你有一些失望。今天是 520 的日子，我只给你和婕两人写了信，我知道在班级中她是你最好的朋友，同时她也是老师的知己，所以在特定的时间里，我选择了一起写信给你俩。在这一点上，我相信你也能明白老班的心。

不管以何种方式奔跑，我希望你是面上含笑的。我希望你能快乐地走下去，就像你那么关心老班不要喝酒一样，那份暖心一直珍藏于心。让我们彼此珍惜，我相信你所付出的情感，总有一天会得到回应。我从侧面帮你问了：婕其实是把你放在心上的。有时候，深埋在心底的感情才是最真的，对一个人好，是心甘情愿的付出。

请继续努力，我相信你能做到最好！

习惯用左手牵着你

——写给婕儿的一封信

婕：

提笔给你写信，似乎没有撕心裂肺，感慨万千的离别之情，因为我觉得我们之间不存在离别，彼此已住进对方的心里，师生情已转化一份亲情。我和你家相隔很近，无论未来你飞多高，走多远，只要你惦记着老师，相见的日子总会有的。我们在分别时都坚强点，不哭，好吗？

那天听你说中考结束后就马上回家睡觉，这是我听过最淡漠的毕业答案。这是一份解脱，还是一份自由？深埋在你心中的情感，真的有那么简单和洒脱吗？毕业时，往日嬉闹的教室瞬间因你们的离去而被掏空，摩托车也因你的毕业而变得孤单，那条宽阔的马路也因缺少亲密无间的俩人而变得陌生……

或许早已习惯于一靠近时的相依相伴，或许早已习惯于手指一触碰时的紧紧相扣，或许早已习惯于旅行时的紧紧相拥，或许早已习惯于课堂上无意间的会心对视，或许习惯于早餐一个鸡蛋加牛奶的温馨，或许早已习惯于对你值日时的依赖……

还记得你那些优秀的画面吗？在老班学习那段时间的全力以赴，保持三年无数次第一考场的不败纪录，三年英语带读的课堂管理，超好的人缘关系，难以想象的心胸宽广……

总有一些相同的回忆，总有太多专属的回忆，我们的师生情是亲密无间的，你也是我心间的左手，一个才华横溢的妹妹。你知道我为什么称你为左手吗？因为你早已习惯了牵老班的左手，依偎在老班的左边，贴着老班的左脸。当右手与左手紧紧相握时便是最无声的感动，只属于我俩。我也只有用左手牵着你，才能找寻到那份踏实和惬意。记得，电话常能响起，空间常被关注，微信也常被点赞。

最后的一年来，我们的生活似乎彼此不能缺少对方，我也为你能提前被实验班录取而倍感欣慰，这是三年来对自己的肯定，也是三年来对老班最好的回报。谢谢你，教学相长也。感动于九寨沟藏家祈福时你的孝心，震惊于你在老班情绪失控时的经典点拨，欣喜于你每次带读后对同学的及时鼓励，因为这一切都非常重要，既为别人前行点亮了一盏灯，也为自己心中的灯火添砖加瓦，对于自己整个人生都有重大影响。

我选择了一个特别的日子写信给你，只因我俩的关系不一般喔，呵呵！因为我们有九天特别的旅行回忆，这是一辈子都无法抹去的记忆。我们在中国水最美的地方，用相机定格了专属我们的回忆，谢谢你陪我度过了一场说走就走的旅行。我们有清晨无数次只拨通电话却无须接听的甜蜜默契，铃声一响，咱们的心就通了。我们也有过 N 次夜晚同行的嬉闹和斗嘴，你喜欢说："屁！"这似乎成了你的标志语言，没大没小的胡闹，没头没脑的说话，我竟然把你对我的无理取闹当作一份幸福。有一点点包容，也有一点点纵容，有时我的世界观都被你颠覆了，小屁孩。

我喜欢看你像猫一样，慵懒吃冰淇淋的样子，那是在旅行时发现的。我喜欢看你在晚自习后对我红包包里食物期盼的样子，因为你那时特别擅长撒娇，没人抵挡得住。我喜欢你在车上蜷缩在我腿上熟睡的感觉，你把老班的腿当"真皮沙发"了。但我也特别害怕你发脾气的样子，就在帮千禧送鸡尾酒的那个晚上，你赌气时的怅然离去，我被你吓蒙了。但一个转身，又是一份幸福！

还谢谢你对我弟的悉心照顾，我希望你们能保持最纯洁的友谊，在剩下的日子里，留下一段粉红的回忆！人生或许就是这么一段短暂的交集，但我希望留下更多的是幸福的平行线！

相识是一种缘分，相知是一种升华，愿善解人意的你能用心规划自己的人生，让自己活得漂漂亮亮，潇潇洒洒。只需在你的心间留有一个小的空间就好，常常能念想亦是一种幸福，且行且珍重！

一马平川

——写给符艺川的一封信

川川：

提笔给你写信时，距中考只有 30 天了。30 天可以是一个月，四个星期，二次休假而已。我们能把握的就是自己能否拼搏，每一天，眼睁睁地看着时间的流逝，自己是伫立不前还是前后纠结，彰显了我们的洒脱和豪迈。

感谢你能通过自己的努力拿到保送生的名额，证明了自己，也是对老师最好的回报。但"保送"对于你来说似乎并不是最好的结果，你应当还有自己的梦想，一个带着梦想前行的孩子才是最有希望的孩子。所以，容不得自己半点放纵，容不得自己丝毫放松，也不允许自己有半点懈怠。请带着自己的、父母的、老班对你的希冀前行吧，考上国防生就是未来三年你最大的目标。这个军绿色的梦想我会好好记住的。一个有远大目标的人应当有长远的设想，她的人生是有规划的，今日的拼搏是为了三十年后做准备的。起点决定未来命运，但很多人在这一点上却看不到，也看不清，而老班希望你能明白老班作为一个过来人对你的提醒和指引。能陪你前行的日子也所剩不多了，老班想对你说几句悄悄话："目前的你还不够成熟，生活也很容易情绪化。但你又如一座金矿，内心还有很多的潜能未开发，需要自己去开采，我相信等你真正爆发和奔跑起来的时候，你就与众不同了！不要常常怀疑自己，不要时时质疑理想，因为这对理想的实现没有半点好处。一路向东，永不放弃！"

每每爬山时，你总是我们依赖的"大姐大"，我们早已习惯了你的大大咧咧，早已习惯了你"女汉子"的一面，也正因为如此，我才可以毫不保留地展示自己柔弱的一面。谢谢你，让我在班级中终于有了一个依靠。

你活泼、开朗，也是一个急性子，热衷于公益事业，所以班级的活动，你都策划得井然有序，特别温馨。班级的三个生日蛋糕都是你挑选的，活动是你设计的，你给班级带来的快乐让每个人暖心！

加油，好吗？静等你的好消息，别忘了母校有一个人会一直关注你。

我还未来得及给你写信，你就离开了我

——写给何易芳的一封信

易宝：

提笔给你写信时，你已没有紧靠在我们的身边，当你纠结地做下那个决定时，我的心已经碎了。整个大脑都是晕乎乎的，我不知道该说些什么？中午走的时候，我也没有来得及送你，因为我帮罗老师配眼镜去了。一个仓促的决定，就让我们师生缘结束。作为老班，虽然内心有太多的不舍，但我还是要祝福你。因为你终于长大了，勇敢地为自己做下了一个的决定，这份信心，这份勇气，已是对老班三年来对你成功教育的最大肯定。不要带着任何情感包袱前行，因为你现在是为了自己的理想而战斗。252 班每一个关心你的人都希望在最后听到你的好消息，因为我们都会为你的决定而祝福。师范也好，二中也罢，我相信在未来不久的日子里，你们还会胜利会师，相聚在相同的校园里。

这二十多天对你来说特别的重要，无论你身在何处，无论你在哪里毕业，无论你在哪里圆梦，我相信：你都会知道你的根在哪里——252 班永远是你的家，我们之间有一份难以割舍的情。当你回头，我们依然在，你永远都是我们班级的一部分。

谢谢你三年来对班级的付出，担任劳动委员，勇挑一组的重担，为老师排忧解难，让老师非常暖心。能扶着你，帮着你实现梦想，就是老班最大的心愿。

初一时，你特别的优秀，性格开朗，能唱能跳，能说会道，我对你寄予了厚望；初二时，你有了闺蜜们后，与老班渐行渐远，你对小团体的衷心远甚于对老班的信任，我们开始了一段有隔膜的生活；初三时，你又渐渐回来了，但错失的美好却需要付出比一般人更多的努力。于是，你开始逆袭，开始重新启动自己的装备，但现实与理想总还是有一些差距的。经过一段时间的努力后，虽有一些提升，但却不能满足自己的"虚荣心"。有很长一段时间，你选择了沉默，开始怀疑自己，时常揪心，时常呆滞，那段时间，我特别担心你。还好，你又时而在小考中不断证明自己，所以信心大增。就在我即将为你呐喊，为你鼓劲的关键时刻，你给了我们一个措手不及的决定。

虽惋惜，但也暖心。我知道你是不轻易做决定的，一旦做了决定，也绝不后悔。现在我要做的是静静地守候，等到六月你绽放的那一天。而你要做的却是全力以赴的拼搏，因为留给你的时间已经不多了，关键时候，你不在我身边，我对你的祝福和担心是成正比的。

加油，易宝。我相信你能尽快适应新环境，成就自我，证明自我！

"书记"

——写给陈琳的一封信

陈书记：

　　你好，亲切地叫你一声"书记"，其实寄予了太多的祝福。自从我初中入团后，就一直担任班内的团支书，一干就是六年，后来参加工作后，还多年从事学校团委工作。我对这份工作有特殊的一份情结，这个平台也给予了我很多的发展空间，锻炼了自己的能力，结交了一群充满正能量的朋友，积累了人生中最宝贵的一笔"人脉"财富。所以，我希望你在未来求学的日子中，你能继续争取这份职务，因为这是一个年轻人最好发展自己的舞台。

　　琳，我们的缘份是命中注定的。当分班名单交到我手中时，我并没有最先关注到你。直到你二姨打电话给我，让我帮忙把你分到我班时，我才幸福地发现：原来你早已悄悄来到我身边。从那天开始，我就记住了你——一个皮肤亮黑的孩子。三年来，感谢你用优异的成绩证明了自己，顺利被二中实验班保送；感谢你用认真的态度完成了各项工作，自己也多次被评为"优秀团干"；感谢你一直陪伴在老师身边，但有时又有一种忽近忽远的感觉。琳，你知道吗？我认为我们最幸福的时候定格于那一个下午，我俩在我家院子里畅所欲言的聊天。我们敞开心扉，聊理想，聊青春，聊人生，你骨子里透露出的全都是正能量的东西，我在你身上也收获了很多年轻的元素。同时，你特别爱笑，眼睛常眯成一条线，我常能看见细缝里闪着光，仿佛无数的星星眨着眼。我们边聊边笑，大家特别开心。但那天坚定的决定却在二中保送生指标到来之后烟飞云散，所以我亲密地称你为"胆小鬼"。其实，人生中有很多的东西要学会去坚守，也要学会去放弃，理性的生活就是最大的智慧。在未来的日子中，我希望你能一如既往地坚守自己的梦想，而不要轻言放弃，因为人生最大的快乐就是不断实现自己的梦想！进入高中后，我希望你能对自己有一个准确而又清晰的定位，有目标的人才能更好、更快的成功，才能找寻到人生中最畅快淋漓的感觉。目标不能轻易"减肥"、"降低"，在梦想上是不能打折扣的！既然已经决定，就要坚定前行！

虽然我们在夜晚同行的路上总保持一定的距离——严谨的一份师生关系，但老师内心还是非常喜欢你，喜欢你的率真，喜欢你的执着，喜欢你的爽朗。因为你是一个非常特别的女孩，未来发展的空间不可限量，老班希望你能好好把握自己，把握年轻时最重要的几个成功的机会，将自己的能量最大化发挥，做最好的自己！其实，初中阶段的你在学习上是非常轻松的状态，这远甚于那些死读书的孩子，所以我愿意赌你——三年后能再次听到你的好消息！

临别时，唯一想说的是：无论你飞得多高多快，请别忘了，南塔岭下，还有一个麦田的守望者——老班。常回来看看！加油，琳！愿前程似锦，一帆风顺！

桃"淘"

——给黄韶桃的一封信

桃子：

早已习惯了这么亲切的叫你，但一想到马上要分离了，心中不禁感慨万千。总记得你刚来时候的样子，一身正气，斗志昂扬，整天都有使不完的劲。班中只要有大活动，你必定是主角。还记得朗诵比赛吗，你当"小白领"的样子我一直记忆犹新，你就是一个"小清新"的代表。还记得广播操比赛吗，你引领 60 号人马，整齐划一，斗志昂扬，你就是老师心中的"大将军"。还记得我们每一次的班长、组长活动吗，你每次都偷偷讨酒喝，在悄然无声中，你已蜕变成老班心中的"男子汉"。还记得我们一起在东塔下的誓言吗，还记得我们为篮球一起追风的日子吗，还记得我们到钓虾山庄、飞天山、梦里故乡的点点滴滴吗……

很感谢你能长成现在的样子，成熟中透露出睿智的气息，沉稳中流露出必胜的信心。全身正能量的你，总留给我们激情满怀的感觉，我特别喜欢你浑厚的声音，特别喜欢你的爽朗，特别喜欢你努力的样子，也特别喜欢你的自信！

最温馨的场面莫过于你手摔伤后同学们去看你的时刻，那狭小的房子里，挤满了浓浓的爱，那一刻，你要懂得感恩。最揪心难忘的回忆，莫过于篮球比赛的加时赛，每一次投篮都是那么的扣人心弦，每一次抢断都是那么振奋人心，每一次突破都是那么激情万丈。最充实的日子也给了最后的 100 天，100 天的蜕变，留给我们每一个人的是永恒。

　　谢谢你三年的努力，我们曾一起拼搏过，一起努力过，一起疯狂过，一起坚守过，值了！临别前，答应老班一件事，好吗？未来的路上，还需风雨兼程，还需春风化雨，还需艰辛努力，还需奋斗不止，你做好准备了吗？我希望你能在中考中再次证明自己，在未来的高考中继续证明自己，做最好的自己，加油，桃子，别淘气了！

拼出一个精彩的人生

——写给李彩晓的一封信

彩彩：

　　大家应当都是这么亲切的称呼你吧，也让我爽朗一回，大声地唤你一声：彩彩！谢谢你的努力，让三年后有这样一个美好的结果，你在不断证明自己的过程中，也成就了自己的梦想。你曾经问我："老师，我的学习已经找不到动力了，你帮我定一个目标吧？"嘿嘿，一个找不到学习目标的人，那才是可怕的。七年级时，你是在证明自己；八年级时，你是在超越好朋友；九年级时，你是在为自己未来的三十年做准备。三年的成长和磨砺，你变得心胸开阔，你变得乐观自信，你变得不亦乐乎。你很幸运，你找到了学习最好的状态，这种轻松、充实的学习方式，是无人能敌的。

　　现在的你也懂得了割舍，甘于寂寞也足以让你变得更加强大，一个人甘于寂寞说明她不再浮躁，一个人懂得沉淀，说明她正在成长。我一直相信：一切都是最好的安排！只要是你真心的付出，学习也好，友情也罢，我相信迟早你会得到你所想要的东西。属于你的，它不会弃你而去；不属于你的，你也抓不住。经过三年，由一个爱哭的女孩变成了一个奋斗的战士，你的逆袭，让父母、朋友、老师们刮目相看，我相信在未来的日子中，你一定是越战越勇，没有任何困难可以难倒你，因为你已历经凤凰涅槃了，剩下的便是惊艳于世。

　　老班在你人生最困难的时候陪过你，在你离开的日子中还会一直守望你，在这个你曾拼搏过的母校，默默祝福你，等候你的回归。希望在未来的日子中，你能越飞越高，越飞越远。最后祝你学业有成，前程似锦！

读书绝不是唯一的出路

——写给曹康的一封信

曹康：

三年来，感谢你一直对老师的信任和支持，特别是最后一次人生的选择，你都那么依赖老师。我觉得你的未来变数很大，因为你是一个有很多梦想的孩子。只因过于在乎别人的意见，所以梦想一出又一出。

曾为了表哥的一席话拼搏过，曾为了叔叔对你的期待奋斗过，也曾为了自己的厨师梦而悄悄努力过。每一次意气风发都源于心中有梦，所以有梦的孩子是最帅气的。人因奋斗而精彩，人因追求而充实！

特别不希望看到你和段世涛两人现在颓废的样子，每每看到你们放弃梦想时，心里就特别难受。因为还没有到完全放弃的时候，更不能纵容自己。你们用聊天来对待课堂，用睡觉来打发时间，用不写作业来应对中考。我想你们彻底对人生放弃了，这样的心态，只能学一种技能了，因为我相信面对你们喜欢的专业，你们或许还能体现自己的价值。

读书不是唯一的出路，但年轻人却不能轻言放弃，否则，他的一生就是真正失败的，没有人会为他的不负责任，为他的人生买单！我相信你不会成为老师心中担忧的那一类人。你在象棋方面很有天赋，敢与地理老师对决的人，那级别挺高的。地理老师能接受你的挑战，说明你在他眼里还算一个对手，所以，不要质疑自己的智商。其实，你对你喜欢的事情还是愿意自己去钻研的，所以，老班希望你能选对自己的专业和平台，一如既往地坚守下去，这样才能取得成功。

　　你的身上其实有很多优点，没有自己和别人想象的那么糟糕，只不过你的一些坏习惯掩盖了很多的优势，让自己很难顺畅前行。所以，在未来的日子中，你要学会改变那些浮在表面的缺点，让别人有机会真正走进你的心灵，从而发现你，重用你。

　　加油，小伙子，用你一脸灿烂的笑容去迎接未来，改变一切！希望在最后的 17 天里，你能做最好的自己，留给老班最美好的印象。

我会等到一起喝菠萝啤的时候吗？

——写给路程的一封信

小路同学：

终于要看到山的那边了，我不知道你心里是如何想的，我想说：老班期待最后的一刻已经很久了。望着你身边的人相继被保送，留给你的却只有拼搏和奋斗。目标就在你的面前，现在是你最为关键和艰难的时候，你还能坚持住吗？每一天的过关复习就是制胜的法宝，每一天的理科练习就是你优势科目拿分的保障，每一天的激情澎湃就是自信的体现。就差那么一点点了，就只剩下些许的距离，我们应蒙住双眼，全力以赴。一个真正的男孩，在关键时刻证明自己太重要了！

三年来，我们之间的"过招"是最多的，在老班的抽屉里，留有最多的就是你的检讨书，一次比一次严重，一次比一次恶劣，甚至有几次都到了师生缘结束的时候。当你与老班渐行渐远时，我都差点放弃过你，因为你的誓言反反复复，你对梦想的追逐时松时紧，你的承诺也从未实现过。庆幸的是在那次离家出走后，你的转身具有"划时代"的意义，回归后的你从此就不一样了。从那以后，你答应老师要考进年级前 100 名，我选择了再次信任你，那是因为相信你能做到最好。

特别是同曹燕同桌以后，我看到了三年来你最好的学习状态，现在激进的你特别可爱，我希望你能突破自我，证明给所有关心你的人看。可以做到的，因为你离梦想的实现已近在咫尺了。人生的这段路程说长不长，但路的宽度由你决定。

加油，小伙伴，电脑游戏玩的就是升级的快感，学习也应如此，需用全力以赴的干劲，不断升级，不断提升，成就自我！

我会等到一起喝菠萝啤的时候吗？期待中……

不折腾了，好吗？

——写给罗湘成的一封信

罗班长：

在我的记忆深处，总有那么一段清晰的回忆，高大帅气的你就是我们班的班长。你有着特棒的理性思维，常为你的初中学习保驾护航；你有着特好的电脑技术，常为老班分忧解难；你有着特强的组织能力，常与本组同学风雨与共！

谢谢你辛劳的付出，双肩挑的压力让你逐渐成长起来，我喜欢看你努力的样子，欣赏你不服输的劲头，这是一个真正男孩的本色。你用一个暑假的时间练习篮球，证明了自己在二分区域的重要性，证明了天生我材必有用的扣篮动作，证明了自己也能"玩"篮球。其实做任何事情都是如此，只要你想去做，去做好它，一定会有意想不到的收获。三年来，我们有过二次大的"交锋"，真的有必要吗？每次因一件小事揪住你，只因想找一个与你沟通的机会，殊不知你认为老班小题大做，认为自己特受委屈。其实每次老班的用意并非你想象的那样，青春成长中的你言行都比较稚嫩，试问，你见过真正的强者吗？我想对你说：在未来的日子中，一定要保持谦虚之心，要相信即使自己是一块玉，也需要有人去雕琢；自己是一匹千里马，也需要有人能发现；自己是一块钢，也需要有人去锤炼。你的心智目前还不成熟，要想成功，必须有人牵引。何时能明白老班说的这些话，你离成功就近了。

每个人在年轻时都需把握几个至关重要的成功，而现在的你被慵懒和成功迷失了方向。何时能醒，何时能明白，可能需要等到头破血流时方能悟到。有些教训太残酷，我不忍心看你走向低迷和痛苦。

转身就是艳阳天，抬头就有希望。现在能拯救你的唯有你自己，我希望能在最后的十余天中，从你的眼神里看到奋斗的激情和坚强的勇气，从此不再徘徊，不再沉迷。三年来，你为老班做了那么多的事，我对你，永远都是祝福与希冀。希望你能在中考中考出三年来最好的成绩，挑战自己，证明自己！

只要从下一秒努力，你就能做回最好的那个自己。只剩十天了，我对你依然充满期待，因为你是我三年来打造的"精品"，我希望这个精品能完美无瑕，这样说，你能明白老班的用心良苦吗？

说好了，结束后，考完了，我们就一起骑车去追风，这是我们的约定，请将美好的念想永存心中，加油，罗拐！不折腾了，好吗？

长大后你就成了我

——写给刘芷圆的一封信

芷圆：

今天是离中考还有 39 天的日子，同时也是母亲节前夕，最为重要的是今天也是你的生日。我希望你在父母、朋友为你庆祝生日时，应当首先感恩母亲十多年来对你的养育之恩。从你的呱呱落地到现在的亭亭玉立，我想在你身上的幸福应当多于身边人，因为你是一个懂得感恩的人。

我很感谢你父母对你细腻而又大度的教育方式，给予了你一个幸福的成长环境。我很感谢小学罗爱芳老师对你的栽培，把你教育成懂事、乖巧、快乐的孩子。我也很感谢上天，让我在你最美好的年华里与你相识、相知，共同追梦。你知道吗？一个教师一生最快乐的事情莫过于在职业生涯当中找寻到另外一个自己，你就是我的另外一个自己。所以，看到你，我就仿佛看到了自己，那是一份踏实，那是一份愉悦，那是一份开心。我希望你能通过自己的努力，实现自己的理想。我在畅想着未来的某一天，我们师生在人生的轨迹上共同享受那份惬意和快乐！也许别人都无法理解我们，觉得我们的梦想简单而又渺小，其实他们不懂我们的幸福，我一直坚信我们身上有着太多惊人的相似，所以，我们是默契相通的！

我也能亲切的叫你一声"大头"吗？大头，生日快乐，梦想成真，前程似锦！还依稀记得去年你的生日，同学们在四面黑板上写满了对你的祝福，还画有一个大大的蛋糕，那份暖心的幸福是不能言语的。正是你的真诚，才得到了那么多可贵的友情；正是你的善良，才得到了那么多无形的关爱。我希望你能珍惜，也能懂得感恩。祝贺你能给自己的人生上了一道双保险，轻松的飞奔远甚于盲目的瞎奔，人生的很多规划已经很清晰，所以无须畏惧，相信自己！这个世界，只要自己想做的事情，就一定会成功！姑娘，大胆地向前走吧，时间会给你想要的一切。

长大后你就成了我，不！长大后，你必须超越我，无论你做何选择，我相信你都能成为一个非常优秀的人。记得，无须考虑老班的想法，我和罗老师一样，一切遵循你内心的想法。按照自己心的方向去决定自己的未来，好吗？

后 记

我愿一直做逆生长的老师

语言是稚嫩的，故事是稚真的，情感是稚诚的。拥有了学生，就拥有了教育生活中的酸甜苦辣。对孩子的教育永远不应当有"放弃"二字！当我们坚定地选择做一件事时，就不会轻言放弃，因为我们将是孩子前行的路灯，成长的榜样。

整理完这本书稿时，我心里既满足，又特别踏实；既荣幸备至，又备受鼓舞。带着一份激动，满载着一份幸福，扬帆远航，继续前行。路漫漫其修远兮，吾将上下而求索！

近日在《中国教育报》上读到一篇题为《越是好老师，越不像老师》的文章，心中感慨万千，昔日里与孩子们一起闹腾的行为，成了最给力的理由。三尺讲台上，我的梦想很简单，一直都期待自己能成为一名让孩子们喜欢的老师，足矣！在特级教师于永正老师的一席话中，我看清了自己，原来自己一直都在追求"好老师"的路上。于老师说，做一名好老师的秘诀是：做不太像老师的老师，上不太像课的课！读到这句话时，我竟有一种热泪盈眶的感觉，一种无声的肯定，让我全身充满力量，慷慨激昂！在学生们的眼中，我永远是一个"孩子王"，每新接手一届孩子，我们的年龄差距也就越大。孩子们是天天长大，而我们却是慢慢变老，年龄上的差距总是我们不可逾越的坎，学会沟通才能让我们的心灵变得更安静。有人说"好老师就是一位长大了的儿童"，我竟然被这句话感动了。"长大了"意味着成长、成熟。岁月静好，花开无声。即使磨炼和拼搏，依然是儿童的模样，多好啊！孩子们总喜欢那种保持童真童趣的老师，能放下老师的架子，支持学生的异想天开，常常融入自己的课堂，让学生在实践的体验中感知生命，感悟成长……一位英国教师为了激发学生的学习动力，竟然答应在学生成功后亲吻一头猪的条件，这样的行为也够"拼"的！细细品味"越是好的老师，越不像老师"这句话，我感觉自己离梦想更近了一步，因为我在每日的教学反思后变得越来越不像老师了。

于班主任工作来说，我在"西天取经"的路上收敛了自己的行为，成为了孩子们最欣赏的"猴哥"形象，在浮躁的内心里留有了一块心灵的栖息地。于教学工作来说，我选择了开辟教学中的"丝绸之路"，懂得蹲下身子，站在孩子们的立场思考问题：勾肩搭背地深入到小组讨论当中，古灵精怪地与学生打成一片，夸张性给学生点赞，情不自禁地拥抱学生，手拉手与学生散步……我就如孩子们的大姐姐一样，用笑容肯定他们，用眼神激励他们。还时常穿着卡通衣服走进课堂，一起庆祝他们喜欢的节日，当他们无时无刻、无处不在地喊我"老班"时，我已经没有了自己的形象，成为了孩子们想要的样子。试想，突然有一天发现自己越来越不像老师时应倍感珍惜，因为我们已经在"好老师"的路上，成长比成功更重要！

我不是最优秀的老师，但我希望教给孩子们的是一生受益的品质和精神，我在用自己的行为影响着他们。我愿做一个"逆生长"的老师，享受一个"长大的儿童"的幸福。

不忍抹去，心底留存。不忘初心，快乐念想！